Tomas Überall
Dieses Loch ist weit entfernt von Spaß

PIPER

Zu diesem Buch

Tomas Überall ist ein Weltenbummler. Und wer viel unterwegs ist, erlebt auch viel: bewaffnete Portiers, faustgroße Kakerlaken und exotische Definitionen von Gastfreundschaft zum Beispiel. Damit ist er jedoch nicht allein, denn bei den Recherchen für seine Reisen stolpert er immer wieder über unvorstellbare Reisepannen und -erlebnisse anderer Reisender aus aller Welt. Werden die Berichte über heruntergewohnte Hotelzimmer, rücksichtslose Zimmernachbarn und skrupellose Hotelangestellte dann auch noch durch den Übersetzungscomputer eines Hotelportals gejagt, kommen großartige Fundstücke dabei heraus.

Tomas Überall lebt im Norden Deutschlands und plant auch deshalb sehr gerne Reisen anderswohin.

www.tomasueberall.de

Tomas Überall

DIESES LOCH IST WEIT ENTFERNT VON SPASS

Bizarre Hotelbewertungen aus aller Welt

Piper München Zürich

Mehr über unsere Autoren und Bücher:
www.piper.de

Die in diesem Buch abgedruckten Texte sind anonymisierte und technisch verfremdete Fundstücke und geben nicht die Meinung des Autors wieder.

MIX
Papier aus verantwortungsvollen Quellen
FSC® C014496
www.fsc.org

Originalausgabe
Juni 2014

Umschlaggestaltung: semper smile, München
Umschlagabbildung: shutterstock/Twonix Studio, shutterstock/Mr. SUTTIPON YAKHAM, shutterstock/schankz, shutterstock/udra11, shutterstock/Alex Staroseltsev, shutterstock/Stephen Gibson
Satz: Uhl + Massopust, Aalen
Gesetzt aus der Clearface
Papier: Munken Print von Arctic Paper Munkedals AB, Schweden
Druck und Bindung: GGP Media GmbH, Pößneck
Printed in Germany ISBN 978-3-492-30577-8

Brunsko Brosinsky gewidmet

REISEWARNUNG

Egal, ob endlich der Urlaub in Sicht ist oder eine Geschäftsreise ansteht – schlafen muss der Mensch, also braucht er ein Hotel und recherchiert mal eben im Netz …

Die harten Fakten, wie Lage, Preis und Verfügbarkeit, lässt man rasch hinter sich und landet – man möchte ja wissen, was andere zu berichten haben – da, wo Gott und die Welt ihre Meinung kundtun: im Bewertungsbereich eines Internet-Hotelbuchungsportals.

Dieser Besuch kann allerdings schnell mal länger dauern, als ursprünglich gedacht – weil man aus dem Lachen nicht mehr herauskommt!

Hat man die wenigen deutschsprachigen Bewertungen eines Hotels gelesen, folgen die in anderen Sprachen verfassten Einträge, und, herrlich praktisch, diese sind bereits von einem Internet-Sprachroboter übersetzt – mit abenteuerlichen Wortneuschöpfungen, gewagten Satzkonstruktionen und Formulierungen, die auch dem unbegabtesten Dolmetscher nicht einfallen würden. Welch absurder Nonsens dabei herauskommen kann, lesen Sie in diesem Buch.

· 001 ·
»FÜHLTE MICH MISERABEL BEHANDELT UND IRGENDWIE WEGGEWORFEN!«
Fremdwort Gastfreundschaft

Man hört und liest immer wieder von freundlichen Hotelbesitzern, die es als ihre vornehmliche Aufgabe betrachten, dem Reisenden seinen Aufenthalt so schön und erholsam wie möglich zu gestalten. Sie empfangen ihre Gäste in einladender Atmosphäre und mit dem größten Zuvorkommen. Das Hotel befindet sich in jeder Hinsicht in einem tadellosen Zustand und hinterlässt einen hervorragenden ersten Eindruck, der während der folgenden Tage oder Wochen bestätigt, mitunter gar verstärkt wird. Das Personal ist nicht nur aufmerksam, sondern liest den Gästen jeden Wunsch von den Augen ab. Die Angestellten werden natürlich angemessen bezahlt und fühlen sich wohl, was sie an die Hotelgäste weitergeben.

Man fühlt sich also, wenn man Glück hat, nicht nur zu Hause, sondern sogar noch besser als dort!

Von alldem wird im Folgenden allerdings nicht die geringste Rede sein …

Hotelmitarbeiter begrüßt Sie in nackten Füßen!

Dieses Motel hat mich sehr erzürnt, da der Manager eine tickende Zeitbombe mit schweren Wut-Management-Problemen!

Das Hotel gibt vor, ein Familienbetrieb zu sein. Wahrscheinlich sind die vielen osteuropäischen, karibischen, indischen und südafrikanischen Mitarbeiter dann angeheiratet???

Wie Sie das Hotel betreten, werden Sie vom Dekor, das fast mittelalterlich ist, begrüßt – und von einem seltsamen alten Mann, der immer böse und ironisch Zigarre rauchend neben der »No smoking«-Schild lehnt.

Die Live-Band in der Bar entpuppte sich als ein einsamer männlicher Engländer mit singenden Balladen, die bohren eine Nonne zu Tode.

Management nicht wirklich wissen, was sie taten, und in Mitte Gespräch plötzlich vergessen, wie man Englisch sprechen.

Wir baten um Weck-Service und wurden also um 7.30 Uhr in Rauch geweckt, mit einer angezündeten Klopapierrolle außerhalb unserer Zimmer! Wir beschwerten uns bei Mann von Rezeption, aber er verstand nicht, was wir sagten, und gab uns eine andere Rolle Toilettenpapier.

Der Zimmerservicefrau oder -mann probierte all mein Dessous, denn die waren links und zerrissen und zerplatzt in Papierkorb gefunden!

Das Personal zeigte keine Nase, nur ganz kurz, um herauszufinden, ob wir wirklich inklusive Frühstück gebucht hatten. Dann wie Houdini verschwanden sie wieder – ohne die Hilfe von einer Rauchwolke!

Als ich an die Stelle kam, die Tore verschlossen waren. Niemand antwortete die Glocke für etwa eine halbe Stunde. Blieb ich so draußen im strömenden Regen. Endlich eine Frau kommt und fragte, was ich wollte. Sie kam zu Tür mit einer Zigarette hängend aus ihrem Mund und ihre Brust ragte aus dem Hemd. Sie sagte, sie erwartete nicht jedermann!

Man wird Ihnen nicht erlauben, die Toilette zu nutzen. Sie müssen Kunde sein. Selbst wenn Sie Frühstück und Kaffee haben, werden Sie immer noch nicht erlaubt, Töpfchen zu benutzen. Also besser kein Kaffee, sonst Unglück!

Unnötig zu beschweren bei Mann an Empfang, der erklärt, dass Reklamation nicht sein Fachgebiet.

Das Personal, das uns die Tür öffnete, kletterte durch den Stapel von Papieren, um unsere Reservierung zu finden.

Das Management ist unhöflich und würde nicht wissen, was ist Kundendienst, wenn es ihnen an den Hintern getackert wird!

In der Hotelbar sollten Sie schützen Ihren Gatten, weil das Personal ist begierig auf die Wurst von Ihrem Ehemann!

Das Personal war unkooperativ, und als wir uns beschwerten, ihre Reaktion war: »Yeah, gut, und was soll's?«

Das arme Personal war immer täglich neu, weil nur ernähren sich von Luft und werden bezahlt mit einer Handvoll Fliegen.

»Holen Sie Ihre Hände aus der Tasche, das ist unhöflich«, rügte das Personal mich an der Rezeption. Ich war sprachlos und beschämt.

Das Reinigungspersonal war das Schlimmste. Blieben wir so oft ohne Toilettenpapier in unserem Aufenthalt! Wir haben keine andere Rolle erhalten. Als ich sie anfragte, sie sah mich an, als ich wäre komplett verrückt und als wollte ich nehmen eines ihrer Kinder zum Zweck.

Der Manager ist ruppig, aber vorhanden.

Alles beginnt mit einem Empfang würdig einer Beerdigung, die Frau ist total angepisst von ihren Kunden.

Dies ist eine armseligen Unterart von Hotel, die uns gleich Gewissheit gab: Wir sind in eine schmierige Angelegenheit geraten!

Hier die Gastfreundschaft nicht wissen, wo sie zu Hause ist.

Der Direktor ist schlecht erzogen, variiert seine Stimmung nach dem Mond, ist arrogant und überheblich mit den Kellnern, beschämt jeden Tag vor unseren Augen eine sehr freundliche Kellnerin. Ist nicht in der Lage, auch nur einen Hühnerstall mit diesen Manieren zu behandeln.

Es gab keine Probleme. Allerdings erschien der Mitarbeiter scheu und desinteressiert in seiner Arbeit.

Ich beschwere an Rezeption, TV kaputt, also der Chef zu mir kommt und sagt: »Du hast eine Frau und nichts anderes zu tun, Schwächling?«

Hotel wird geleitet von Frau, die Fähigkeiten eines gereizten Nashorns hat.

Die Töchter des Managers stehlen Ihre Kleidung, lassen verdorbene Lebensmittel auf dem Tresen und die Herdplatten an.

Ich kann nur hoffen, dass der Eigentümer für Verbrechen gegen die Menschlichkeit oder zumindest Verbrechen gegen die Tourismusbranche wird strafrechtlich verfolgt.

Als ich dort zuletzt blieb, fand ich ein Stück Menschenkot auf der Bürotreppe. Der Besitzer versuchte es zu vertuschen, indem er es mit Blumen kaschierte.

Ich frage den Freak an der Rezeption, wo also meine Reservierung. Er sagt, keine Chance, vielleicht gefressen von einer der Mäuse, die bei ihnen arbeiten?

Jeden Abend konnte ich Rauch durch die Entlüftung im Zimmer riechen. Als ich die Besitzerin gefragt, ihre Antwort war: »Ja, ich habe ein Ritual, wie jede Nacht, niemand hat je zuvor beschwert. Das ist mein Haus.«

Ich wurde von einem Herrn sitzen auf einem Stuhl mit gespreizten Beinen und Hemd aufgeknöpft halbwegs begrüßt.

Das Personal versucht, hilfsbereit zu sein.

Während die Lage ist ausgezeichnet, sind Sie auf jeden Fall abgezockt und behandelt wie ein Tier.

Ich war nur für eine Nacht, und es war aus erster Hand eine schlechte, zum Glück war ich aber nicht allein, denn der chinesische Kerl an der Rezeption, der nicht verstand zu sprechen, besuchte mich später und war liebenswürdig.

Während die Jungs von der Rezeption waren o.k., erscheint der Eigentümer eine alte Kröte von einem Mann, die dich nicht grüßt.

Das Personal ist nicht besonders schön.

Die Frau an der Rezeption ist besser geeignete Gefängniswärter, als ein Hotel zu führen.

Ich fürchtete um meine Sicherheit in und rund um das Hotel. Der Manager ist, wie soll ich sagen, eng gewickelt.

Als ich sagte »Sie machen Ihrem Hotel keine Ehre«, sie lachte nur und sagte: »Wir haben schon einen schlechten Ruf und kümmern nicht darum, was Gäste sagen.«

Die Tante der Rezeption hatte den Mut, uns zu sagen, dass wir kommen nicht von ihrem Lieblingsland und deshalb schlechtes Glück für uns mit unsere Zimmer.

Der Eigentümer war sehr verschlagen und hatte das nicht erwähnt, aber war extrem scharf darauf, mein Geld zu nehmen.

Besser bereit sein, spanisch zu sprechen, ansonsten riskieren Sie, statt Teelöffel eine Glühbirne zu bekommen. Sicherlich schwierig umrühren mit Glühbirne.

Der Besitzer war groß, er war von Sandwich und Mayonnaise durchnässt und tropfte alles auf meine Dokumente.

Vorsteher krank in seine Birne. Als ich darauf hinwies, dass Fernbedienung nicht funktioniert, er sagt: »Dann verwenden Sie den kleinen Finger und nicht Ihre anderen dicken!«

Putzfrau hat keine Moral: Sie meinen Mann belästigt, ihr seine Männlichkeit für einen kurzen Aufenthalt zu geben.

Der einzige Ort mit Zugang zum Internet war die Lobby. Dort müssen Sie trotzen die starren Masken von scheintoten Mitarbeiter.

Die Besitzerin spricht zwar kein Englisch, versteht sich aber darauf, Geld zu zählen auf Englisch.

Er war ein harter Kerl an der Rezeption, der zuerst fragen uns, was wir in seinem schönen Hotel wollen. Wenn wir sagen, dass wir in den Urlaub, sagte er: »Nein, du machst nur Dreck, und ich verlange eine Menge Geld, sodass der Schmutz ist weg. Stimmen Sie mit dieser Vereinbarung zu, können Sie sofort geben Sie Ihre Kreditkarte!«

Wir wurden von einer Art Robert de Niro in Rente an der Rezeption begrüßt: freundlich, aber irgendwie ausgelöscht. Er steckte in einem verschimmelten blaugrauen Frottee-Bademantel, rauchte fusselige, selbstrollende Zigaretten und übergab mit braunen Fingern unsere Schlüssel.

Leider Empfangsperson zeigt keinen Sinn für Humor, wenn ich fragen, wo die Gaskammer für die Dusche. Typisch die Deutschen!

»Das muss Sie nicht interessieren«, war Antwort von Schlüssel-Mann, die beiläufig aus dem Winkel von Mund kam, als wir fragten, ob Garage ist videoüberwacht. Er blickte stur auf seinen Bildschirm und schenkte uns kein Auge – aber nicht, weil er schüchtern war. Weil er war Arschloch!

»Aber Sie haben das Erwachsenenprogramm für eine halbe Stunde gebraucht, sehe ich hier auf dem Bildschirm, Sir. Jetzt werden Sie zu zahlen haben«, sagte die Empfangsdame lautstark. Viele Menschen standen um mich herum in der Lobby. Das war wirklich ärgerlich, dieser kriminelle Versuch, Geld von unschuldigen Reisenden zu erpressen.

Das Personal und anderen Gästen schien aus dem gleichen Holz geschnitzt: Sie alle kicherte und lachte höhnisch auf unsere Beschwerden – es war eindeutig eine Verschwörung gegen uns.

Das Mädchen des Frühstücks wollte mit niemandem sprechen, nicht begrüßen und putzte auch noch mit Nase, wenn jemand Kaffee bestellt. Wirklich schlechte Bedingungen in diesem Hotel, wenn Sie morgens ohne Kaffee nicht überleben können.

Hotelmanager war auch der Kopf der Blumenfabrik nebenan, weil viele Male am Tag ein Junge und brachte frischen Schnittblumen. Ich liebe Blumen, aber es wäre besser für ein Hotelzimmer, wenn lieber keine Blumen – denn dann auch keine Kakerlaken!

Im Verstecken sind die Mitarbeiter echte Profis: Ein Kellner, kein Gärtner!, stand hinter einem großen Busch und spielte auf seinem Smartphone.

Es war ein weißer Hai-Angriff in einem Hotelstrand, der nur zehn Meilen entfernt ist. Kommentar von unseren lustigen Boss: Keine Panik, das ist ein anderer Bundesstaat!

»Verlassen Sie sofort die Terrasse«, herrschte die Servicekraft uns an. »Sie sehen doch, es ist kein Wetter, um draußen zu frühstücken.« Wir trotteten alle zurück in Speisesaal und fühlten uns wie eine Horde Lämmer, getrieben von deutschem Schäferhund.

Im Sommer sollten sie mehr Schirme auf der Terrasse stellen. Wir waren nie in ein Schattenplatz . Nicht nur mein Kopf schnell sehr heiß, auch der Wurst und Käse in der Sonne braun und geschwitzt …

Die Mitarbeiter an der Rezeption starrten schwarze Löcher in mich und wirkten voll von schlechter Haltung.

Alles war ich bereit zu entschuldigen, aber das Schlimmste: Empfangsfrau war die gröbste Erscheinung, mir auf der ganzen Welt je begegnet: abgehoben, unhöflich, ohne Reue und Idee von Menschlichkeit!

Es könnte Sie passieren, dass die Rezeptionsfrau Sie in einem schlechten Moment verprügelt. Sie kontrolliert Sie wie eine Aufseherin und bellt an Sie »Geh auf dein Zimmer!«, wenn Sie zu lange um die Rezeption stehen.

Frühstück: Brot und Marmelade, und »wenn weg ist, ist weg«, um den Angestellten zu zitieren.

Manager möchten uns in seinem privaten Auto die Insel zu zeigen. Aber sofort ist klar, dass sein Angebot nicht für mich: Manageraugen sind so eindeutig auf meiner Frau, dass sie schon jetzt steht quasi völlig ausgezogen neben mir.

Reinigungsservice ist sehr schlecht: Ich gab zwei leicht verschmutzte Hosen und zwei Hemden und bekam eine Tüte nicht sehr saubere Socken zurück! Sie sind verrückt, sie haben keine Erklärung.

Okay, zunächst muss ich sagen, ich bin kein Rassist. Ich habe nur eine Vermutung, was sicherlich falsch ist, aber ich möchte fragen: Kann es sein, dass das Hotel ist so schmutzig, weil die chinesische Putzboy so klein, dass kann nur die Hälfte (das heißt nichts oben, nichts darunter, nur die Mitte von allem) erkennen kann?

Bereits mit einem schlechten Geschmack im Mund wurde ich in die Zimmer übergeben.

Unerhörtes Personal! Ich sage der Dame an der Rezeption: Es gibt Tausende von kleinen Spinnen im Bad! Sie: Ja, kann ich mir vorstellen, aber immer noch besser als dicke, fette Spinne in Ihrem Bett!

Habe nicht die Möglichkeit, ihre »Gourmetküche« versuchen können, weil man sagte »Koch krank«. Und er blieb so für die gesamte Reise. Lassen Sie sie nicht täuschen, ist Koch immer krank und wird er immer sein.

Der junge Nachtportier zuckte nur mit den Schultern: »Ich kann nicht mit dem Gepäck helfen, Sir. Muss ich meine Kräfte einteilen, bin ich noch jung und muss leider die ganze Nacht noch hier arbeiten!«

Wie wir uns beschwerten, der Mitarbeiter abheften unsere Anzeige in einen großen Ordner und er sprach nie wieder mit uns für die ganze Woche.

In den letzten Tagen alle Mitarbeiter mit Ausnahme der Entertainer waren im Streik. Also saßen wir zwar im Dreck und waren hungrig, aber gab es sehr gute Unterhaltung!

Trotz meiner 67 Jahre fühle ich mich immer noch so jung und lebendig, wenn ich höre gute erhebende Soul-Musik, aber leider hat der Piano-Bar-Mann mir gehämmert die Ohren zu Brei mit seinem Fake-Jazz.

Die Mitarbeiter tun alles, um anwesend zu sein, aber sie leisten es nicht oft.

Entertainmentprogramm waren ein paar junge Menschen, die laute und irgendwie lahme Clownerie veranstalteten: Ziehen Gäste in Wettbewerben, wo diese wie dumme Esel und Ochsen vorgeführt. Dazu seltsame Musik ohne Strahlqualität, die niemand hören wollen.

Irgendwie nicht sehr kuschelig, dieser Chef mit der durchzechten Nase, geplatzten Äderchen im Gesicht und kleine rote Augen.

»Ich will nicht, dieser Mann ein Zimmer auf meinem Stock bekommt«, sagte die »Dame« am Check-in, während mit dem Finger auf mich zeigen. So etwas habe ich noch nie erlebt. Und wie eine Komplizin nickt die Angestellte. Das fand ich eine noch viel schlimmere Sache!

Bei Ankommen Treppe blockiert, Baustelle und Umbau überall. Der Mann an der Rezeption schickt das Gepäck zu Fuß hinterher – aber dann Koffer komplett leer, alles in der einen Minute gestohlen, als ich warte! Beschwerde bei Manager, der aber sagt nur: »Du fremder Zauberer?« Er tritt mich auf die Straße und lacht: Der Polizeichef ist sein Bruder!

Das Badezimmer hatte zwei geheime Fluchttüren. Als wir diese Entdeckung in großer Aufregung anmeldeten, drohte der Portier uns mit Zwangsräumung, wenn wir weiterhin Frechheiten behaupten.

Zu sagen, dass das Personal völlig nutzlos war, ist eine komplette Untertreibung. Sie sahen sich nicht in der Möglichkeit, mir einen Stift zu leihen, wenn ich versuchte zu erklären, dass ich dringend Ersatz für meine geraubte Handprothese brauchte.

Der Kerl an der Rezeption war sehr freundlich und hat mich beruhigt… stark nach Schweiß roch, aber egal!

Dieser Ort ist ein Obdachlosenheim für die weniger Glücklichen in der Gesellschaft und diejenigen, die Jagd auf sie machen.

An einer Stelle in dem Hotel entdeckte ich einen Mann, der aussah wie Ray Charles. Das erklärt alles: Er war wohl der blinde Putzmann, und das ist die einzige Erklärung, wie ein Ort so dreckig sein kann.

Leider warten wir gefühlte eine Stunde, bis die Empfangsdame aufhören zu spielen Poker im Internet. Dann zeigt sie uns nicht einmal den Raum oder erklären etwas. Gibt sie uns nur stumm den Schlüssel, dann schon zurück im Spiel.

Fernseher in meinem Zimmer funktionierte nicht und wurde von Polly an der Rezeption gesagt, dass Tony komme in einem Moment. Zwei Stunden später ging ich zur Rezeption, um zu sehen, was los war, und sagte Sybil, dass jemand komme in einem Moment. Basil kam, aber konnte es nicht funktionieren machen. So eine halbe Stunde später Manuel schließlich setzte mich in einen neuen Raum.

Wir beschwerten uns beim Manager, und während wir dort warteten, jemand kam und fragte, ob sein Bewährungshelfer wäre bereits aufgetaucht.

Bei unserer Ankunft wurden der Rezeptionist und mehrere Freunde oder Familienmitglieder ziemlich beunruhigt, dass ihre Rauchpause pausieren soll.

Wir hatten in der Toilette sogar Wasser aus der Decke, das durch die Neonröhren kam! Als ich für ein neues Zimmer fragte, sie lachten nur und fragte, ob ich dumm und ob wir im Bett oder in der Toilette schlafen?

Wenn Sie bereit sind, jeden zu bestechen, dann könnten Sie hier sicherlich alles haben.

Jeden Abend kam Anruf von einer Frau aus »Beauty-Center«, die beharren, mein Mann kommen für eine »Massage und vielleicht mehr«.

Alle Mitarbeiter in den sechs Tagen, in denen ich zu Gast war, sagen: »Heute ist mein erster Tag, habe ich mich nicht noch ganz orientiert, bitte fragen Sie andere Kollegen.«

In der Nacht konnte ich nur einschlafen vor Erschöpfung über all den Ärger mit diesen Scheißkerlen.

Immer wenn wir begannen, uns zu beklagen, behauptete der Manager, er könne kein Englisch und schrie nur noch Hindu.

In der Mitte der Nacht wachte ich auf und fand den Portier auf dem Zimmerboden kriechend. Ich fragte, was er hier zu tun habe. Er nur prüft, ob Zimmer unter mir ist alles ruhig, erklärt er und geht.

Der Bademeister von dem Hotel hat keine Zeit, sich zu kümmern um Dinge wie Wasserheizung, Liegestühle und Handtücher usw., weil er immer mixt die All-inclusive-Getränke für die traurigen Hotelgäste, damit sie ihre Situation vergessen.

Was ist das?! Der Portier nahm seine Kopfhörer nicht aus den Ohren, während er uns eincheckte. Er immer nur nickte und sprach mit uns über Fingerzeichen. Dazu der Kopf schaukelte mit der Musik. Er sagte, er machte ein Audio-Sprachausbildung in Französisch. So ein unverschämter Lügner!

Das Personal? Sie wissen nicht, ihre Ärsche von ihren Ellenbogen zu unterscheiden.

Ich sperrte mich aus, und das Hotel lag leider wirklich »idyllisch und ruhig«, also ich rief viele Stunden, bis jemand kam, mir zu helfen. Er war nicht sehr freundlich und fragte, ob ich mit Schreierei nicht ein Praktikum als Hahn machen wollte.

Die Angestellten waren so roh, ich dachte, sie scherzen, aber sie meinten es ernst.

Der Mitarbeiter an der Rezeption war eindeutig abgekämpft und nicht in der guten Laune, aber ich würde die gleiche Weise, wenn ich an einem solchen Ort arbeiten musste!

Wegen diesen 20 Dollar Schlüsselkaution ich kam mit dem Manager mehr oder weniger in einen Faustkampf. Dieser erschien betrunken.

Der Mann hatte ein Gesicht, als hätte er eine große Schüssel Salat von Zitrone gegessen, aber später er erwies sich so diplomatisch, als hätte er gegessen Schokolade aus der Schweiz. Zu freundlich ist sehr verdächtig, wenn Sie mich fragen …

Concierge offensichtlich aus der Gattung: Schnecken-Mann. Alles dauerte sehr, sehr lange Zeit, und ich fast eingeschlafen am Check-in-Schalter.

Die Frau an dem kugelsicheren Fenster von dem 24-Stunden-Check-in war sehr unfreundlich.

Als wir in die Lobby kamen, sah ich sofort ein Schild, auf dem »Stundensätze«, und das war der Zeitpunkt, ich bemerkte: Wir waren in einer schrecklichen Fick-Wochenende.

Ein Händler in der Stadt sagte mir, das Hotel beschäftige Schwerverbrecher in einem Arbeitsrehabilitationsprogramm – jetzt kapiere ich!

Dies ist ein Ort, den Sie überprüfen sollten und auf diese kleine Stimme in Ihrem Kopf hören sollten, die sagt: »Bleiben Sie nicht hier, morgen es gibt sonst Fleischbällchen von Ihnen.«

Zettel am Hoteltür: »Reinigungsmitarbeiter sind eingeschneit, so können wir das Zimmer nicht sauber.«

Der Chef war eine Fledermaus: Den ganzen Tag schlief er, und in der Dämmerung haute er ab.

Kräftige Männer mit Security-T-Shirts brachten uns zum Zimmer, trugen aber nicht das Gepäck. Ich nehme an, sie verringern die Gast-zu-Gast-Kriminalität.

Die Besitzer waren offenbar Esoteriker, weil sie bei meiner Beschwerde über das zu kleine Zimmer vorschlugen, einen Heiler für mich zu rufen. Der sollte dann meinen Kopf diskutieren, sodass negative Gedanken herausgehen und ich merke, dass das Zimmer ist eigentlich riesig!

Der Zeremonienmeister am Empfangsdesk war sehr entspannt mit einer Wolke von Marihuana um den Kopf, und Reggae war seine große Sache.

Es gibt einen Masseur in diesem Hotel – sie nennen ihn Salty. Er hat fürchterliche Schweißfüße, aber zu dem Thema lacht er nur, weil mag er seinen Job so sehr. Bleiben Sie besser mit steifen Genick.

An der Rezeption erfand man die absurdesten Ausreden, wie »Es herrscht Vogelgrippe, also stehen keine Handwerker zur Verfügung«.

Überall waren farbigen Kugeln, Girlanden, blinkende Lichter und Weihnachtsbäume an jeder Ecke. Sogar der Zimmerhüter sah aus wie ein altes Rentier, er hatte eine große Nase, die war sehr, sehr rot.

Der rothaarige Concierge ließ seine Roboterarme und -hände über den Tresen wandern und schnappte nach meiner Kreditkarte. Ich fürchtete, hätte er meine Finger erwischt, diese wären blutiger Matsch geworden.

»Sie scheinen mir ganz schön schwanger, Gnädigste!« Der Portier war ein unverschämtes Scheusal. »Nicht dass ein blutiges Maleur geschieht heute Nacht.« Entbindung sei eine Leistung, die nicht im Zimmerpreis inklusive wäre. »Damit das ist klar gesagt!«

Der Manager sagte mir, dass das Hotel war in Schwierigkeiten, er braucht eine Menge Geld, um wieder mit Kopf aus dem Wasser zu kommen. Frage: Warum sind ich und meine Kreditkarte sein Rettungsring?

Concierge hat Wirkung auf mich wie Fuhrmann im Hades, der mich aufnimmt und hinüberfährt in das Totenreich. Gänsehaut für lange Zeit!

Sehr stickigen Luft in der Lobby, weil Rezeption sparen Strom und runterschließen den Klima, so oft es geht. Alle schwitzen 24 Stunden, nur Personal sein hoffentlich sehr zufrieden!

Die Personal trugen Straßenkleidung. Es gab so keine Möglichkeit zu entscheiden, ob sie Dienstmädchen oder normale Menschen waren.

Das Personal hat die Mentalität einer Kakerlake.

Einen Abend meine Frau mich geküsst in der Bar. Sicherheitsmann uns sagen, damit aufzuhören. Ich höflich gefragt, warum? Der Manager kam und schreien an mich sehr unhöflich: »Ich bin der Boss hier, wenn Sie wollen zu küssen, ins Schlafzimmer gehen!«

O.k., haben die Reinigungskräfte das Zimmer gereinigt. Aber was ist es mit der eigenen Sauberkeit und körperlichen Hygiene? Alles roch nach Schweiß, scharf, wenn sie weg. Der Gestank war nicht wieder aus dem Zimmer herauszuschaffen.

»Sie können sich mal selbst fragen, was Sie auf der Toilette machen, dass sie so wackelt!«, fragte der Hausmeister. Er war ein frecher Frosch in einem Overall.

»Kapitän Schnapsnase und seine Crew freuen sich, Sie an Bord begrüßen zu dürfen, wir garantieren Ihnen einen unvergesslichen Aufenthalt.« Diesen Witz machte mein Mann, nachdem wir einen Betrunkenen am Empfang vorfanden. Damals wir noch nicht wussten, wie unvergesslich der Aufenthalt sein würde …

Die Männer an der Rezeption sind nutzlos.

Schon bei der Ankunft vor dem Hotel wurden wir leider rassistisch beleidigt: »Hey, du Schlitzauge! Reiß mal deine Augen auf, das ist kein Parkplatz für die gelbe Gefahr, der ist für den Chef.«

Leider sieht es aus, als ob das Hotel lebt davon, die große Gruppen von Billig-Touristen aufnehmen. Aber was soll's, ich selbst bin einer von diese.

Am ersten Tag gibt mir die tolle Putzfrau eine alte Haarbürste und sagt: »Hier ist alles auf Gegenseitigkeit. An dem Tag, an dem Sie alle Haare von meiner Bürste entfernt haben, werde auch ich Ihr Zimmer richtig reinigen.«

Der große Sänger von die armselige Hotelband hatte eine schiefe Frisur und eine groteske Manie. Jedes Mal, wenn man sich Songtitel wünscht, er antwortet zuerst, aber dann macht er eine Einschränkung: »Aber weißt du, ich bin nur eine Number«, und dann singt er immer etwas undeutlich wie: »Jackie Wilson said...« Ich vermute, er ist durcheinander. Sehr durcheinander, armer Punk!

Ich bin die Erste, die zugeben, dass ich nicht immer mit den Bewertungen von allen anderen Menschen einverstanden. Ich dachte, es war es wert, einen Blick werfen in das Hotel. Schlechte Entscheidung.

Eine positive Erfahrung: Das Restaurant liefern tolles Essen, und die Servicekräfte alle leise gesprochen und echt erscheinen dienen zu wollen, aber sie einfach nicht wissen, wie.

Paris Hilton war schon sehr glücklich und verschmolzen mit ihm, erzählte der Rettungsschwimmer jeder Frau, die nicht schnell genug in die Ferne entweicht von ihm.

Der Kellner nannte sich selbst »Drei-Finger-Joe«, aber er war leider so ungeschickt wie »Mr. No-Fingers-At-All«.

Der Animateur hieß Luis. War lustig, spielte er Klarinette und nannte sich »unsere soziale Pädagoge« aber hätte er keinen Plan, wie er uns in Laune bringen will, also er bat uns zu tanzen zu »Disco Classics« von seiner Wahl. Niedere Unterhaltung.

Es gab zahllose Wachmänner, die so ungepflegt und verdächtig aussahen, dass man sich fragte, ob nicht alle lokalen Kriminellen einfach als Sicherheitsleute angeheuert wurden, damit nichts gestohlen wird.

Es klopfte an der Tür, und da stand eine Frau mit Mopp auf dem Kopf. Es war nicht die Putzfrau, sondern der Hotelmanager. Das ist, was dir passiert im Land von Bob Marley.

Der Kellner fragte uns, ob wir wollen begleitende Nüsse haben mit unseren Drinks. Wir haben »Ja« gesagt. Er brachte uns Popcorn. Popcorn ist geplatzte Mais, aber sicherlich keine Nuss!

Am Ende meines Aufenthaltes lockte mich der Manager in sein Büro: Er hatte Hunderte Bücher über Pilze und zeigte mir ein Mikroskop, mit dem er erforscht sie. Was kann ich sagen: Ein verrückter Wissenschaftler …

Der kleine Kerl mit der dickbeinigen Jeans war ein Jammerlappen. Immer, wenn man ihn etwas fragen will, er sagt: »Oh, ich glaube, ich kann es nicht, es ist alles so viel. Ich glaube, habe eine Krise.«

Der Chef war lustig, aber ein bisschen eigensinnig, sein Lieblingsspruch für alle Gäste war immer: »Morgen werden wir Hühnerbeine grillen und essen mit gehackte Auberginen mit Zitrone, was ist die Speise der Götter.« Abgesehen davon hatte er keine anderen Ideen mehr.

Am Strand war ein Gorilla mit dicken Muskeln der Chef der Strandliegen. Er war immer gequält und unfreundlich, aber es gab einen einfachen Trick, um ihn lächeln zu lassen: Wenn Sie ihm 5 € in seine Aussparung stecken, trägt er Ihre Strandliege, wohin auch immer Sie wollen. Wenn Sie geben ihm 20 €, trägt er die Strandliege mit Ihnen drauf, wohin auch immer Sie wollen. Sehr praktisch, wenn der Sand ist sehr heiß!

Nachts gibt es eine Sicherheitsfrau, die leider keine Sicherheit macht, dafür aber nutzte alle Gelegenheit zu umarmen jeden attraktiven Mann.

Das Hotel ist gut, wenn man Borderline-Patienten mag. Die Empfangsdame hatte jeden Tag eine andere Haarfarbe. Als ich sie fragte, warum, antwortete sie: »Ich will vergessen, wer ich bin. Am Morgen stehe ich auf, erkenne mich leider sofort wieder, also ich mir die Haare färbe …«

Ich verstehe, dass sie nur arme Teufel, die in der Hotelbranche arbeiten, sind: viel Arbeit im Sommer, Arbeitslosigkeit im Winter. Und überall nur schlechte Bezahlung. Also habe ich mein eigenes Bett zu machen, zu putzen die Toilette und nicht beschweren, auch wenn dies nicht meine Aufgabe ist im Urlaub. Aber ich werde eine fürchterlich Abschiedsüberraschung am Tag von meiner Abreise zu hinterlassen.

Er sah aus wie Klischee von Mathematikerprofessor. Also nicht so gut und nicht ordentlich. Sollte keineswegs die Manager von Luxushotels sein.

Es war in der Lobby ein gigantisches Aquarium, die so schmutzig und trübe war… wir sind nicht sicher, ob es irgendwelche tatsächlichen Fische darin.

Ich hatte einen Ausdruck meiner Buchungsbestätigung in der Hand, aber der Typ sah mich an, als ob der Ausdruck in Mandarin-Chinesisch verfasst.

Wenn Sie in das Hotel eintreten, riecht es faulig nach der Achselhöhle.

Die Frau des Chefs ist ein Künstler, kein Zentimeter der Wände frei von ihren Zeichnungen. Wenn Sie nicht kaufen eines der Bilder spätestens am zweiten Tag Ihres Aufenthalts, unter dem Tisch sind Sie und werden nur geduldet, aber nicht mehr Gast.

Ich habe gesehen (und dies leider sah auch meine zweijährige Tochter) einen Mitarbeiter, das drohte, sich vom Dach zu werfen, wenn er nicht bezahlt bekommen seine Gehälter.

Der Animateur war zugleich Rettungsschwimmer. Einmal machte er einen Witz darüber, dass sein zweiter Beruf nicht notwendig ist, da der Pool jetzt ohne Wasser ist, weil das Wasser immer grün wie Pistazien war.

Unter den Angestellten des Hotels gilt ein Klima der Angst vor dem Boss mit dem großen Karabiner in seine Hose.

»Man kann einen günstigeren Zimmerpreis kriegen, wenn man die ganze Woche bleiben«, der freundlichen Chinesen bot mir an. Wenn ich wollte das Geschäft nach einer Nacht umgekehrt zu machen, der asiatische Freundlichkeit war plötzlich abgestorben.

In puncto Klima herrscht Grobheit von Mutter und Tochter, die Streitkräfte kommen jeden Tag mit Blaulicht.

Eine Zahnbürste konnte die Servicekraft – by the way: eine echter Clown! – mir nicht verkaufen, er hatte aber einen großen Tipp für mich: Draußen sei es gerade schön windig. Ich sollte einen Spaziergang machen und öffnen den Mund weit genug. Fast die gleiche Wirkung, sagte er.

Wir sind uns einig über die Tatsache, dass das Personal an der Rezeption ist kurz angebunden, apathisch und nicht wirken als Profi.

Als wir über Ungeziefer beschwerten, der Manager Larry, eine sehr mürrische kleine Mann, gibt uns Schuld für bringen Wanzen in seinem Hotel und kickt uns auf die Straße!

Mein Auto würde nicht wieder auf dem Parkhausschalter freigelassen von diesem Bastard, weil ich nicht mit Bargeld bezahlen. »Kartenleser funktioniert zur Stunde nicht. Bringen Sie echtes Geld, dann erhalten Sie Ihr Auto.« In welchem Zeitalter leben wir!

Sie arbeiten mit geistig Behinderte in dieser Anlage: Es gibt einen Hausmeister, der glaubt, weil er in Texas ist, so ist er als Cowboy geboren und hat zu reiten und schießen. Aber in Wirklichkeit hat er zu fegen und wischen. Leider niemand erklärt ihm das, also rennt er mit Wassereimer und Besen durch die Gänge, ohne zu putzen.

Der junge kindliche Concierge machte Hausaufgaben auf dem Sofa und war nicht hoch genug, mir die Tür zu öffnen, wenn ich ankam.

Die Hälfte der Mitarbeiter war unglaublich schön, die andere Hälfte unglaublich unhöflich.

Die Frau, die mich eincheckte, sagte nur eins während des gesamten Prozedur und in einer sehr rüde Ton: »Wie ist Name?« Und dabei nicht mich anschauen, sondern sie starren stur auf meine Kreditkarte. Hier mein Name ist doch eingestanzt ist, Gott verdammt, sie wollen mich verarschen!?

Die Wirtin ist schön, man könnte sogar sagen aufregend, aber es hilft trotzdem nicht, weil die Zimmer sind dreckig.

Der Hausherr war eigentlich ein ruhiger nachdenklich Kerl mit vielen Pickeln. Aber wenn er trank, er laut, wie ein Wahnsinniger zu lachen und war in einem Moment lustig und in der anderer traurig. Ein Künstlertyp, aber natürlich kein Hoteltyp, wenn Sie meine Meinung hören wollen.

Der Zugang zum Strand wurde durch einen Türsteher auf Steroiden überwacht. Er entschied, wann das Tor war offen und wann es war zu. Also waren mein Sohn und ich gezwungen, barfuß vom Strand zum Haupteingang auf heißem Asphalt zu hüpfen, bis mein Sohn mit Verbrennungen an seinen Füßen weinte.

»Ich habe es bemerkt und vermerkt aber auch«, der Chef sagt zu seinen beiden faule Kellner, die hinter einem Paravent versteckt hatte, um nicht zu arbeiten. Wollen wir es hoffen!

Er war freundlich und erzählte uns, dass er lange in der Nacht Taxi gefahren und immer den Mond sah. Dann anscheinend sagte seine Frau: »Hey, großen Kopf, so geht es nicht weiter, ist dein breiter Mund da zu plappern, werde jetzt Hotelboss!« Okay, aber er wäre nicht glücklich, das war zu spüren, und es ein Hotel nur für den Notfall ist, so nachgelassen und schmuddelig wie seine Frisur.

Der Barkeeper kurbelte die Musik so laut, und wenn wir ihn baten »Senken Sie die Lautstärke«, gab er uns einen komischen Blick.

Ich denke, dass der Kammerdiener ist wertlos.

Beim Betreten der Halle sehe ich einen Mann und eine Frau sitzen auf der Couch, in einen Sportereignis auf dem Fernseher vertieft, niemand hinter der Theke. Endlich (wenn eine Werbung kommt, sicherlich ein Zufall) die auf der Couch begrüßt mich und geht hinter die Theke, um die Dinge ins Rollen bringen.

Personal ist unfähig wie leere Körper von geköpften Hühnchen.

Das Personal hat komplett ungültig Erklärungen für alles.

Einmal in der Woche ein Friseur ist vorhanden, der an den anderen Tagen Schafe schert oder was auch immer.

Die Frau hinter der Theke gab mir keinen Alkohol, nur Erfrischungsgetränke, da ich bin vom kleinen Wuchs. Später, als alle anderen weg waren, sie wollte mich küssen und von mir berührt werden: »Ich liebe Zwerge!«

Die Mitarbeiter haben null Konzept des Kundendienstes.

Der Erfinder hinter diesem »Hotel« muss sein entweder: 1. sehr klug und denke, warum zur Hölle Dollars verbrennen zum Renovieren, wenn immer noch Menschen sind hier zu mieten, oder 2. ein dreckiges Schwein, oder 3. alle der oben genannten.

Die Zombie-Mann an der Rezeption war nicht unfreundlich, aber schaute auch nicht, als ob er wirklich wach und Besitzer aller Sinne.

Der Nachtportier wird jeden Abend besucht von Freunden, um Karten zu spielen. Dann spielen sie die ganze Nacht. Kein Problem, so weit, aber ich nicht verstehe: Warum spielen sie jede Nacht Strip-Poker?

Er denkt vermutlich, wenn er trägt einen Schnurrbart wie Tom Selleck als Magnum, er bringt alle weiblichen Gäste ins Schwitzen. Aber, fragst du mich, er macht nur eine Bremse auf seinem Rotz, sonst nichts, armer Ire!

Was macht ein Kellner mit Tourette-Syndrom? Richtig geraten.

Es war dann ein Tanzabend für Jungen und Alten: Ein Mann mit einer Glatze auf dem Klavier spielte wirklich nur Blues und Boogie-Woogie. Ich meine, in welchem Land und Zeit leben diese Menschen?

Leider ich kann nur tragen Jogginghosen, weil ich übergewichtig bin und große Geschlechtsorgane habe. Mir wurde leider direkt an der Rezeption gesagt, dass keine Gäste in billiger Kleidung willkommen.

Als wir ankamen, gab es viele Gäste, die schreiend und fluchend draußen umherstehen. Man könnte sagen, sie gemeinsam hatten eine niedrige Lebenserwartung.

Ich mochte das schrottige Hotel sehr, weil ich beispielsweise auch mag Folter von meinem privaten Körper.

Meine Mutter und ich ging an die Rezeption, um für das Zimmer zahlen, die alte Frau half uns, das Formular ausfüllen. Meine Mutter fühlte sich eklig, weil die Dame hatte eine rotbraune Flüssigkeit auf der Hand: Man wusste nicht, ob es Blut war oder was! Und ist, dass sie schien nicht zu kümmern, dass ihre Hand hat alles verschmutzt – das allein sollte ein Zeichen dafür, wie schmutzig ist dieser Ort!

Die Nachtportiers-Dame war so angenehm wie ein rohes Stück Schweinefleisch, das für ein paar Tage in der heißen Sonne gewesen war, und sah auch sehr ähnlich aus.

Der Check-in-Schalter ist hinter Panzerglas, das sofort gab mir ein Gefühl, von wie ich im Begriff war, als Geisel genommen und gezwungen, sexuelle Handlungen zu jedem Zeitpunkt durchzuführen.

Ein Mann namens Mike mit einem indischen Akzent machte klar, ich würde nur erhalten eine Toilettenpapierrolle pro Woche.

Eintrag auf der Startseite vom Hotel: »Wenn Du auf die Reptilien-Convention kommen, bringen Sie Ihre Schlangen gerne mit – kein Problem!« Haben sie dort ein Mäuseproblem?

Das Personal ist supernett, außer wenn es muss mit dir reden.

Ich bin Archäologe und reise immer mit Werkzeugkiste. Als der Wirt sie sah, sagte er: »Wenn Sie das Scheißhaus in Ihrem Zimmer reparieren, werde ich Ihnen den Raum für 5 Dollar billiger machen!«

Unsere Beziehung begann schlecht: Die Dame, die uns an der Tür begrüßt, hatte ein Loch im Schritt ihrer Hose.

Soweit ich das beurteilen kann, der immer grinsende Chinese am Empfänger hat nur goldene Zähne – ich hoffe, er hat diese nicht von seinen »leider verstorbenen« Gästen.

· 002 ·

»BETRETEN WIR DAS ZIMMER, UND DIE HÖLLE BRICHT LOS.«

Tiere, Schocks und Sensationen

Wie schön: Sie gehen frohen Mutes mit Chipkarte oder Schlüssel zu Ihrem Zimmer. Der junge Mann beim Einchecken soeben war ja auch überaus zuvorkommend und freundlich! Nun fiebern Sie einem langen, aufregenden Wochenende mit Ihrem Partner in einer schönen Stadt entgegen. Oder sind gespannt auf ein interessantes Business-Meeting. Oder ein Teamworkshop mit netten Kollegen liegt vor Ihnen. Nur eben schnell Bett, Badezimmer, die Zimmerausstattung und die TV-Kanäle checken und dann noch mal losziehen und die Umgebung auskundschaften. Eine Kleinigkeit essen und vielleicht schon den ersten Sightseeing-Punkt abhaken! So kann alles gut laufen, und Sie verbringen einige angenehme, vielleicht sogar unvergessliche Tage, die Ihnen für immer positiv im Gedächtnis bleiben werden. Weil Sie gut geschlafen, gut gefrühstückt haben, einfach: Weil alles gepasst hat auf dieser Reise.

Oder aber Sie lesen jetzt weiter.

Wenn Sie die Tür zu Ihrem Zimmer für zwei Minuten öffnen, ein ekelhaft beigefarbener Hund pinkelt auf Ihre Sachen. Dieser Chihuahua reißt alles aus Ihrem Müll und legt in Fetzen. Wenn Sie versuchen, auf das Ding zu treten, es Sie beißen.

Hinter dem Badezimmerspiegel Kakerlak macht Kuckuck mit seinen gigantische Antennen.

Der Gestank war fast ohnmächtig. Wahrscheinlich, weil hinter der Theke eine unbestimmte Menge von Dackelhunden jault.

In der Lobby lagen eine alte Matratze, und es kam ein sehr fragwürdiges und lautes Grunzen aus dem Raum neben der Treppe.

Einmal im Inneren, ich dachte, ich machte einen Schritt zurück in der Zeit!

Ich legte dort in Bett mit der Seifendose auf meiner Nase, um den Geruch zu bekämpfen.

Die Probleme begannen, als Wanzen anfingen, an mir zu schlemmen in der Nacht.

Für diejenigen unter Ihnen, die ihre Füße gerne reinigen, dieses Hotel hat einen besondere Erfindung für Sie. Es gibt austretendes Wasser aus einem kleinen Loch an der Außenseite der Kloschüssel. Dieses »Eau de Toilette« ist perfekt, um Ihre Füße frisch zu halten.

Ich sah einen Mann in den Büschen. Er sah aus wie ein Bruder mit einer Kettensäge, mit der er Jagd auf Gäste machte.

Die letzte tiefe Reinigung wurde durchgeführt, bevor viele von uns geboren wurden.

Während ich auf einem Stuhl sitze, ein Floh kriecht in mein Ohr. Abends gefunden eine weitere auf dem Bett.

Das Badezimmer war wie eine eigene Welt.

Über der Tür das Schlafzimmers hatte jemand in die Wand geschnitzt: »Betet für mich.« Ich verstehe es leider gut!

Wenn die Temperatur in der Nacht stürzte, wandten wir uns an der prähistorischen Heizung, aber nur mit einer Explosion von stinkenden Luft erfüllt werden: Offenbar die Form hatte seine Innereien eingedrungen.

Das Zimmer hatte schwarze Schimmel, und das Popcorn fiel von der Decke in starken Schüben!

Ich konnte Mäuse oder Ratten oder einige andere Arten von Tieren jeden Abend hören. Sie krochen wahrscheinlich im Innern der Mauern herum.

Dieser Ort flippte mich.

Als ich meinen schuhkartongroßen Raum betrat, wusste ich, dass ich in Schwierigkeiten war.

Mitten in der Nacht jemand schreiend an meine Tür hämmerte. Ich öffne, und es war einer der Eigentümer – er schrie mich buchstäblich an wie eine verrückte Person.

Ich war für alle meine Sachen Angst. So ich nahm meine Reisetasche in der Nacht zu mir in das Bett, das war sehr unangenehm, natürlich.

Zweimal in drei Tagen blies die Birne der Deckenlampe sich in tausend Stücke. Ich bat um eine elektrische Service, aber das Personal riet mir besser, nur die Nachttischlampe verwenden.

Der Speisesaal sah bereits aus aus wie eine Erholungsstätte von psychisch Kranken. Also sprechen wir lieber nicht vom Essen.

Der Koch war ein Großwesir des Recyclings!

Bei der Ankunft bekamen wir ein Fruchtsaft angeboten in Gläser so schmutzig, dass wir den Inhalt den Pflanzen anzubieten beschlossen hatten.

Nach der sehr kurzen Dusche fühlte ich mich, wie einen Abwasserkanal durchschwommen. Ich hätte den Wasserhahn nie andrehen dürfen.

Auf der frischen Bettwäsche schlängelten sich ein paar lange schwarze Haare und begrüßten uns.

Was sie hier Frühstück nannten, war ein Laib Brot und eine Flasche schrecklich und unhygienisch Marmelade.

Ich bin im Ruhestand, und mein ganzes Leben war ich ein Mann des Friedens. Bei Ankunft in diesem Raum heute habe ich beschlossen: Dinge werden sich ändern. Komplett und sofort!

Ich schlief voll bekleidet zur Minimierung der Exposition von Haut und zur Maximierung meiner Abwehr. Ich sah mit Entsetzen, wie mein Mann kämpfte an vorderster Front in seinem Schlaf, so verzweifelt schlug er sich die Arme ins Gesicht zur Abwehr der Wanzen! Es gab keine Hoffnung, es gab nichts, was ich tun, um ihm zu helfen könnte!

Wir kamen in unserem Zimmer zu einem massiven Schock.

Gingen wir in das Hotel, und die Hölle brach los!

Immerhin wird das Böse mit der U-Bahn mit dem Zentrum verbunden.

Meine Freundin fand unter dem Bett zwei schmutzige Windeln.

Als wir im Hotel ankamen, war ich weniger als beeindruckt.

Das Bad war eine winzige Box, in der auch ein Schlangenmensch zu kämpfen hat.

Nun stellen Sie sich einen Platz zehnmal schlimmer als diese, und Sie erhalten eine genaue Beschreibung des Hotels! Es ist ein Slum!

Drei Sterne für dieses Jauchegrube? Ist Mafia, die verteilt die Sterne hier?

Die Wände waren mit Zeichnungen von Penissen und vulgären Gemeinheiten voll – ist dies ein echter Leckerbissen für die ganze Familie!

Hotel ist schwer zu finden: Wenn Sie blinzeln, Sie verpassen den Eingang.

Bei der Ankunft wussten wir sofort, dass wir in einem Schocker waren.

Sobald ich das Hotel betrete, ich ausgeflippt!

Nachdem die Maus kam, ich überprüfte meine Frau in der Mitte der Nacht und nahm dann ein Hotel nur wenige Blocks entfernt.

Der Manager war attraktiv und schien ganz höflich, aber etwas in seinem Pyjama gab mir eine fürchterliche Gänsehaut!

Die Überraschungen beginnen auf dem Flur, der kaum die Breite eines Körpers zulässt.

Das Zimmer war recht groß, aber sah aus wie ein Kriegsgebiet. Die Toilettentür war geschwollen und verklemmt.

Das Zimmer war so klein, dass es perfekt für einen Zwerg, oder nein, perfekt für ein Zwergenkind.

Auch in zweitem Zimmer Betten waren »gerammt« durch Kunden der Anmietung von Räumen durch die Stunde.

Die Realität geht weit jenseits aller Vorstellungskraft. Sie können sich gar nicht vorstellen …

Das Zimmer war so klein, als ich den Schlüssel ins Türschloss steckte, zerbrach das Fenster!

Zur Krönung des Aufenthalts war die berüchtigte Treppe nicht beleuchtet, und ich fiel die Treppe hinunter, knallte in den Spiegel, und mein Gesicht war mit kleinen Tropfen Blut übersät.

Ich fand meine Frau mit Ameisen im Bett!

Ein größeres Problem im Astoria ist, dass es befallen ist von größeren Insekten – solche von zweibeiniger Art …

Sobald ich die Treppe hochstieg, das Aussehen und der Geruch des Ortes veränderte sich dramatisch zu weniger guter Art.

Das Hotel hätte geschlossen wurden vor langer Zeit, da es ungeeignet für die menschliche Besiedlung.

Hotel war ausgebucht, sie gaben uns eine kleine Wohnung in einem der Gebäude Außengelände. Die Wohnung wurde auf der 2. Etage, und leider ohne Treppe man musste eine Leiter klettern, und in der Nacht sogar absolut keine externe Beleuchtung!

Ich möchte erinnern, dass Sie Wasser abkochen, bevor Sie es trinken. Tun Sie es nicht, wird es Ihren Darm in eine Bewegung bringen, die Sie nicht gutheißen werden.

Das Badezimmer war so klein, man konnte die Zähne nicht mal seitwärts putzen!

Niemand sonst als wir dort, aber wenn es waren die Kakerlaken, die Miete an die Verwalter zahlen, dieser niemals keine Geldsorgen hat.

Die Abfolge der Ereignisse ist unklar und wird detaillierte forensische Analysen erfordern. Fakt ist: Toilettensitz war zerschlagen worden, vielleicht durch den Aufprall mit einem schweren Gegenstand, dem Kopf eines Opfers? Es war aber keine Leiche vorhanden und das Bad gereinigt, nur zahlreiche Blutspuren sichtbar an Wänden des Schlafzimmers.

Zimmer-Tipp: Meiden Sie dieses Hotel, wenn Sie für die Strafverfolgungsbehörde arbeiten.

Der erste Raum, in dem ich war, befand sich auf der obersten Etage. Es war nicht größer als ein Schrank. Musste das Schlüsselloch gespreizt werden, um zu stecken Schlüssel in Schlüsselloch.

Hotel widerstand den Angriffen der globalen Tourismus dank einer geografischen Trennung: Es liegt am Ende eines langen und gewundenen Weg der weißen und staubigen Wüstenpfad, direkt neben dem Strand. Gepäck müssen Sie tragen, also besser Anreise mit Hubschrauber oder Rucksack.

Weshalb ist dies ein Hotel? Wo kann man kaufen den Geruch? Warum bin ich hier?

Etwas wie eine dumme Flöte spielt kontinuierlich eine Melodie, die machte uns fast wahnsinnig. Niemand konnte uns sagen woher, und nach ein paar Tagen wir waren fast davon überzeugt, dass nur wir hören sie. Gut, es war nicht mehr so, nachdem wir das Hotel gewechselt.

Waren Sie schon einmal in einem Ort, wo Sie nichts berühren wollen und wo Sie das Licht auslassen, damit Sie nicht sehen, wie obskure Lebensformen schleicht sich die Wände entlang?

Leere Flaschen Alkohol in den Aufzug, verschwitzt Fußabdrücke an der Tür und Getränke an den Wänden gesprüht. Nie dort nie wieder.

Die Klugscheißer der Reiseorganisation wollten uns davon überzeugen, dass das Hotel komplett umgebaut wurde. Vielleicht wurde dafür sicherlich eine Taverne aus der Zeit der Raubritter verwendet worden haben!

Ich fühlte mich immer dreckiger der Dusche herauskommend, als bevor ich drin.

Wenn Sie den Aufzug nehmen, Achtung: Es riecht darin mindestens wie aus dem Anus eines sehr alten Elefanten.

Immer, wenn wir die Dusche benutzten, es sprengte die Toilette.

Die Rezeption war hinter einer Plexiglasscheibe … schlechtes Zeichen?

Unser Zimmer hatte buchstäblich tote Käfer an der Wand zerschlagen.

Die Erinnerungen können auch nach Jahren nicht gelöscht werden, nicht die Abneigung und auch nicht die Angst, die dieses fast menschenleere Hotel inspiriert. Wir haben kein Auge zugetan für die Hitze, der Lärm von der Straße und dem gruseligen Gefühl für den Ort.

Dieser Ort sollte am besten vermieden werden, wenn Sie nicht mögen Hunderte von Katzen, die alle versuchen, auf Ihr Zimmer, und das Frühstück mit Ihnen teilen möchten! Wir konnten im Juli nicht öffnen Fenster, denn wenn wir das versuchten, diese Katzen ins Zimmer kommen würden. Sie saßen draußen am Miauen den ganzen langen Tag und Nacht. Am Urlaubsende mein Sohn hatte eine Katzenphobie!

Das freundliche Team, das in unserem Zimmer wartete, waren eine Maus und seine Gefährten, die Kakerlaken.

Die Betten waren klumpig, und man hatte das Gefühl, dass sie teilten den Platz mit einem Haufen Tiere, die du nicht eingeladen hast.

Spontan erinnerte ich mich an meinen alten Lieblingssong von den Talking Heads: »Burning down the house.«

So klein, eine Sardine würde von Klaustrophobie gelitten haben.

Der Shuttlebus zum privaten Strand ist ein alter zerfallender Volkswagen, der dauernd explodiert unter dem Hinterteil.

Schon wieder Feueralarm mitten in der Nacht! Als wir uns alle unten versammeln, sagt der Nachtportier, dass es nicht heiß brennt, sondern er nur »hot« gegessen hat und aus dem Feuermelder einen Furzmelder gemacht hat.

Um zwei Uhr kam ein Reiseleiter auf dem Flur, schlug auf einem Kunststoffpapierkorb herum und schrie, es sei Zeit zu gehen.

Zu diesem Hotel ist nur eines zu sagen: Es braucht eine Planierraupe oder Plastiksprengstoff.

Der Rezeptionist war sehr rüde bis zum dritten Tag, als er plötzlich seine Melodie änderte und beim Sprechen zwischen die Schimpfworte auch ein paar normale Worte strickte – ab und an.

Eine gute Sache über diesen Ort geblieben ist die Sicherheit, die Sie fühlen lässt wie in ein kostenpflichtiger Aufenthalt in Gefängnis.

Zweifellos ist dieser Ort unter Kommando der russischen Mafia. Eines Nachts sah ich einige schwere russische Jungs stehen hinter dem Empfangstisch, und sie trugen weg – das ist sicher – eine große Geldtüte.

In einer Ecke der Lobby des Hotels war ein alter Flipper. Eine blonde Frau in Schwarz betrieb die Maschine in einer entspannten Routine. Einige männliche Gäste herumhängen um sie. In der Nacht träumte ich, dass ich einer von diesen kleinen silbernen Kugeln in den Händen blonder Flipper-Königin war.

Ich weinte stundenlang, als wir ankamen. Aber wir hatten für zwei Wochen gebucht, und wir waren abgebrannt. So hörte ich zu weinen auf, um nicht ausgetrocknet zu werden.

Für das Frühstück im Aufenthaltsraum gibt es schmutziges Besteck, mit dem Sie sich durch eine Gemeinschaftswanne Margarine graben dürfen.

Der Balkon war leider unbrauchbar: Mit lautem »Gurrgurr« hatte ein Taubenpaar ein Nest mit zwei semistarken, ziemlich hässlichen Küken gebaut.

Abendunterhaltung wird von einem depressiven Mädchen in Schwarz mit einem blassen Antlitz durchgeführt. Auf einem Karaoke-Computer spielen sie Welthits von A bis Z oder besser von A bis Z-fucking-shit.

Statt eines Willkommensdrinks hätte ich Tetanusimpfung vorgezogen, denn Schmutz gab es reichlich.

Sie zunächst denken sich, kann sicher nicht wirklich sein, dass die Leute hier keinen Geschmack, sie alle absichtlich hässlich machen. Später, Sie denken, Sie sollten aufhören zu denken, besser.

An Silvester gab es einen Maskenball, und zuerst dachten wir, es war lustig, dass wir Schweinemasken bekommen. Aber später am Abend sehen wir die muslimischen Mitarbeiter lachen und machen Fotos von uns, wir sind nicht mehr ganz sicher, wie sie es meinen mit Schweinemasken …

Ich fand mehr Vitamine und Mineralstoffe in den Cocktails an der Bar als in den Mahlzeiten des Hotels.

Wir haben das Papier von einem weiblichen Handtuch über der Toilette gefunden.

Es schien, dass ein Flugzeug landete auf deinem Kopf, hoher Lärm, Flasche fiel auf den Tisch.

Auf dem Tisch fast jeden Abend fanden wir nur einen Teller und ein Messer und mussten wiederholen es tausendmal, dass wir auch mindestens eine Gabel wollen. Bonus: Die Gläser waren immer wie mit Scheiße verkrustet!

Die schockierende Sache ist die mangelnde Sauberkeit. Wir aßen in der gleichen Woche von einer Tischdecke, die, als wir ankamen, schon schmutzig war.

Der Eingang zum Hotellobby roch ziemlich peinlich, im Hinblick auf die Akzeptanz des Kunden.

Ich hatte gehofft für eine kleine Erfrischung aus der Minibar. Aber weit davon entfernt. Als ich die Tür öffnete, sechs bis sieben Mücken summten mich, und ich bin erschöpft und getrübt.

Ich war in der vierten Etage und es nicht bemerkt, wenn das Feuer ausbrach. Ich wachte auf, als viele Stücke aus Glas trafen mein Gesicht. Ein Feuerwehrmann fiel durch das Schlafzimmerfenster von außen und schrie mich an: »Hey, du aufwachst, ist das Hotel in Brand! Sofort rausspringen hier, komm ans Fenster…«

Unter die Decken werden Sie kriechen und mit großen Ohren und Angst um Ihr Leben zuhören: Menschen rammen die Wände, schreien und jaulen auf den Gängen. Ich fürchtete, hier zu sterben.

Schimmel überzog mich im Gesicht.

Zentrale Klimaanlage macht dich kalt, dass du wirst blau wie Schlümpfe und stirbst!

Ziemlich absurd die vielfache Ebenen der Schmutz.

Bin in Zimmer und kann nichts finden, außer: eine Vergewaltigung der Augen!

In der Lobby ich begann zu fühlen, wie mein Herz sank und Dunkelheit erfüllt mein Seele. »Vielleicht die Zimmer sind viel besser«, rief der Chef uns noch, als wir versucht haben, in einem stinkenden und kleinen Aufzug zu quetschen.

Die Residenz war schwer zu finden, denn … ja, es war eine Garage! Innerhalb dieser hat man fünf Zimmer hergestellt, mit zwei Bädern, eines für Männchen und eines für Weibchen.

Der einzig gute Punkt ist der süße Hund, aber macht leider *im* Hotel, was er nur *außen* tun sollte.

Ich glaube, Sie wissen nicht, wo Sie anfangen zu reinigen dieses Hotel. Also besser gar nicht anfangen. Nicht zu empfehlen!

Das Badezimmer war ohne Spiegel, so ich schnitzte leider mein halbes Gesicht weg beim Versuch sich zu rasieren.

Neben Hotel ist ein Turm, in dem ein Narr ein paar Stunden eine Leier »beten« ohne Ende. Bei uns ein Fall für den Irrenhaus, hier als Religion bekannt.

Auf den ersten Blick schien es nicht so schlecht, aber in der kalten Licht des Tages, es war nichts weniger als ein Messerstechen in Ihrem Auge, und folgte es Dampftötung Ihre Nase!

Ich weiß, es scheint, als ob es nicht noch schlimmer sein könnte – aber es tut doch. Nach einem hysterischen Lachen war zu erkennen, dass es nicht eine Sendung von »Versteckte Kamera« ist. Ich brach in Tränen aus.

Hotelzimmer mit Blick auf das Kernkraftwerk: ungewöhnliche, aber ansprechend und einschüchternd.

Einzige Form von Nachtleben: Karaokeklagen jede Nacht.

»Niemand will ein Mädchen mit Elefantenoberschenkeln«, sagte die traurige Kellnerin. Die Getränke blieben stecken in meinem Hals bei dieser verdammten Begräbnisatmosphäre.

Gefährliche Tendenz für blitzsauber polierte Oberflächen haben die Manager hier: Morgens auf dem Weg zum Frühstück, ich lief mit dem Kopf in die schwere Glastür, die die Idioten geschlossen zu halten! Und ich stemmte sie aus der Verankerung. Natürlich ist das ein Verlust, aber nicht meine Schuld! Nun ist die Sache bei meinem Anwalt.

Die Desserts scheinen akzeptabel in Bezug auf Qualität, wurden aber nicht vor den dicken schwarzen Fliegen geschützt. Später fragte ich mich: Wie viele Fliegeneier und Maden hast du mit Joghurt verspeist?

Empfangsdame oder -herr? Ich nicht sicher. Auf jeden Fall rülpste es mehr, als zu sprechen, seinen großen gesprochenen Buchstabeneintopf auf mich. Daher wahrscheinlich eher -herr ...

Die Frau flüsterte mir zu, als sie das Hotel verließ: »Übernachten Sie hier nicht, gehen Sie.« Ich dachte, sie sei verrückt. Leider habe ich später festgestellt, dass sie war völlig gesund.

Die Besitzer betreiben auch eine Pony- und Reitschule. Schön für Pferdeliebhaber. Nicht so schön, wenn Eigentümer selbst und das ganze Haus riecht irgendwie dauerhaft nach Heu und sehr stark nach dem Pferdemist.

Es gab mindestens 30 streunende Hunde auf dem Gelände, also wenn Sie Angst vor Hunden wie ich, ist es nicht eine gute Idee, hier zu bleiben.

Ich war friedlich in Kingsize-Bett und schlief hinüber zum Morgen, bis der Reinigungstrupp im Flur seine Lieblingsstaubsauger Baujahr 1952 auf den Betriebsmodus setzte. Ich träumte: Absturz der Welt direkt vor meiner Zimmertür.

Kein Bett im Zimmer, nur eine Hängematte. Erläuterung: Dies ist besser für Ratten und andere Tiere!

Der Animateur schwärmt von der Dschungeltour inklusive Elefantenreiten. Was er vergaß: Nicht gut erzogener Elefant schlägt manchmal mit dem Rüssel. Jetzt habe ich keine Kamera mehr und nicht mal ein Foto davon.

Ich hatte schon gefühlt, aber ich dachte, nicht es wäre möglich so ein großes Kotzen.

Das Zimmer war noch nicht fertig, weil es hieß: »Ist noch Eidechse unter dem Bett.«

Es gab mehr Fliegen im Restaurant als Luftpartikel.

Die Küche wurde an der Grenze des Anstands gehalten, die Essensreste wurde bei nachfolgenden Mahlzeiten wieder vorgestellt. Gab es also Folgeprobleme mit der verdorbenen Lebensmittel und zahlreiche Fälle von Darm-Unglück …

Wenn Sie ein Bier an der Bar bestellen, werden Sie nur die Hälfte der Dose serviert. Der Rest des Inhalt in den Kühlschrank zurück, um später eine andere Gast verkaufen.

Das Zimmer erinnerte mich an Schlafsäle des 18. Jahrhunderts für arme, schwangere, obdachlose Mädchen.

Am Pool standen vier Sonnenliegen, um den Abschaum um das Becken herum zu beobachten. Und der Sonnensteg war ein paar verrottende Bretter Holz, wo Sie Angst haben, wenn Sie darauf sitzen, Tiere herauskriechen direkt hinein in Ihre Badehose.

Ich denke, das Frühstück war wenig einladend. Der Tee war lauwarm, und es war so kalt, dass die Menschen trugen Jacken und Mützen, während sie aßen.

Ich hätte gerne eine Rolle Zahnseide im Bad gefunden. Warum? Weil sie so schwer kaubare Steaks im Restaurant servieren, dass die Hälfte wird zwangsläufig zwischen den Zähnen stecken bleiben.

Das Hotel hat ein schönes großes Werbeschild mit vielen bunten Lampen. Sehr starke blitzte es, und es war gut sichtbar. Leider es auch blitzte durch die Vorhänge in meinem Zimmer die ganze Nacht, sodass ich immer nur ein Auge geschlossen.

Nach der ersten Nacht ich fühlte mich wie umgewandelt: Von dem müden Mann in den alten Idioten, der die Idee haben konnte, diese Herberge als Übernachtungsmöglichkeit zu wählen.

Essen Sie das Fleisch am Abend immer auf oder nehmen Sie es mit, sonst ist es zum Frühstück Frikadellen.

Das Geräusch ist sehr traurig, das ich aus dem Abfluss der Wanne gehört habe, während das Wasser abfloss. Es klang wie ein Hotelgast, der seit Jahren in den alten Bleileitungen gefangen war.

Weil ich sehr dünn bin, fragte der Direktor mich, ob ich mich durch die Fensterschräge könnte schlängeln in sein Büro. Er hatte sich ausgeschlossen. Ich nahm die Herausforderung an, aber ich war ein wenig verlegen, um hier von den anderen Gästen beobachtet werden. Auch weil es längere Zeit beanspruchte, um den ganzen Körper und den Kopf durch das Fenster zu pressen.

Beim Betreten in den Raum trifft Sie eine überwältigende Geruch … Ich kann es nicht beschreiben, aber es genügt zu sagen, dass es nicht erfreulich.

Es war unheimlich. Ich war der einzige Gast im ruinierten Hotel und ich las in der Begrüßungsnotiz, dass es gibt eine Maschine, die den Handyempfang verhindert, »sodass die Gäste zu ewiger Ruhe vom Stress des Alltags«, und aus diesem selben Grund auch gab es keine WIFI. Ich hatte keine Wahl: Ich hatte schon im Voraus bezahlt und nicht einen Cent mehr für einen anderen Ort.

Das Toilettenpapier war in dem Schrank vom Schlafzimmer aufbewahrt, weil es nicht genug Platz in die kleinen Duschkabine für eine Klopapierrollespender.

Die ersten Eindrücke beim Betreten der Einrichtung war, dass das Hotel im Jahr 1972 geschlossen worden war und nun unberührt wieder geöffnet hatte – extra für uns!

Mein Verlobter und ich benutzten den Whirlpool am Abend nach einen langen Tag im Schnee. Beide bemerkten wir am nächsten Tag Ausschläge am ganzen Körper. Der Hotelarzt sagte nur lapidar: »Ist Whirlpool-Akne.«

Besuchen Sie die Hotelbar nur, wenn Sie schon immer wollten einen Handelsvertreter blasen.

Jetzt sind sie schon wieder klopfen an meiner Zimmertür… Ich werde nicht mehr reisen in dieses Land der amerikanischen Feiglinge, die Angst vor allen Fremden, während komplett ausgeflippte Einheimische und Drogenfans in der Unterklasse-Hotels ihrer Städte frei herumlaufen.

Ein Pärchen kleine Käuze leben auf dem Dach und immer ihren Ruf erklingen lassen. Sie waren schön anzusehen und würden eventuell sogar gut geschmeckt haben, aber der dauernde Lärm unangemessen ist für ein Hotel.

Wenn Sie möchten, können Sie auch im Alter in diesem Hotel gepflegt werden. Dies ist wahrscheinlich der Grund, warum die Girls am Pool nicht sexy, sondern sixty waren.

Der Alkohol an der Bar war von sehr schlechter Qualität. Am nächsten Tag habe ich daher noch nicht einmal bemerkt das Erdbeben, da ich fühlte mich noch von der Abend zuvor geschüttelt und gerührt.

Das Zimmer gab uns einen so finsteren Blick, dass mein Koffer war erschrocken und sofort den Widerruf bei mir eingereicht.

Bringen Sie Ohrstöpsel, die Sie sehr, sehr tief in Ihren inneren Kopf bohren können, denn bis hier wird es der Lärm dieser Hauses auch schaffen, Sie quälen.

Ein freundlicher Mann am Strand riet uns, besser das Autofenster und auch das Handschuhfach offen zu lassen, um zu verhindern, dass Diebe das Glas zerbrechen, um zu sehen, ob es etwas für sie gibt. Wir folgten seiner Anweisung, dafür war später der ganze Mietwagen weg. Der Mann auch, wenn Sie wollen genau wissen.

Schwer zu ertragen: Sie servierten hier kalte Wildschweinbraten zum Frühstücksbuffet. Das sollte nicht einmal als warme Mahlzeit geben, wenn Sie mich fragen!

Gehen zu Ihrem Zimmer zum ersten Mal fühlt sich ähnlich wie zu Fuß zum ersten Mal ins Gefängnis. Sie wissen, dass Sie dabei sind, erstochen zu werden, aber Sie nicht sicher sind, aus welche Tür das Messer wird kommen (es ist die Tür hinter dir, in der Regel).

Diese Handtücher sind so verdammt rau, würde ich mein Auto mit nicht damit waschen, geschweige denn eines stehlen.

Die Situation war so, dass wir gar nicht erst beschweren: zu viele Not, und die Probleme unlösbar waren …

Theaterabend: ein großes Wort, zu groß für das Elend von Schauspieler!

Bringt eure Lupe, denn Hotel ist super für Käferuntersuchung!

Wir entdeckten einen Ameisenhaufen im Klo des Wellnessbereichs – ist es vielleicht Geheimmittel für die Behandlung von Hämorrhoiden?

Okay, hörte ich weiche Hilferufe, wieder und wieder. Am nächsten Tag die Polizei im ganzen Hotel zu holen ihn, wusste ich, es war doch nicht ein Film, den er gesehen.

Alle meine Sachen waren gestohlen, so Polizei brachte sie der Schnüffelhund, der angezeigt, dass meine Besitztümer hatten durch die Tür gegangen, nicht durch die Fenster, wie Manager behauptet.

Alle Gäste mussten zur gleichen Zeit in ein anderes Hotel bewegt werden, weil jeder einer schrecklichen Lebensmittelvergiftung ausgesetzt war. Ich kann es nicht anders sagen: Ein Urlaub zum Kotzen!

Das Essen servieren sie hier ganz ohne Schutzverpackungen. Fliegen und Vögel picken an den Lebensmittelschalen, und kein Personal sie daran hindern. Im Gegenteil: Menschen picken am liebsten mit.

Sollten Sie in der traurigen Situation sein und Ihr Zimmer nicht mehr zu stornieren, vergessen Sie nicht auch neues Paar Silikon-Propfen, um Ihre Ohren zu verschließen. Dieser Ort ist lauter als Flughafenstartbahn. Das ist sicher.

Besser nicht verwenden Sie die flauschig aussehenden, lockenden Hotelbademäntel: Nach kurzem Tragen überall am Körper rote Pusteln und Juckreiz. Vielleicht mit »Mr. Chlor« gewaschen.

Das Schlimmste ist, wie sie bestreuen die Teppiche hier mit floralen Duftpulver, das sie aus Maschinen abgeben, wie Platzwarte es tun, mit Kreidemaschine schieben für die Linien auf dem Fußballplatz. Kann man nicht glauben, wenn nicht selbst gesehen!

Alles, was ich tun wollte, war, in die Wanne zu hüpfen, mich zu einer Kugel rollen und lassen die Düsen waschen die restlichen Flöhe, die noch krochen auf meinem Körper, wegspülen. Ich wende mich also den Düsen zu und bin plötzlich mitten in das Gesicht mit modrigem Wasser besprüht – ich fühlte mich schrecklich für den ganzen Wochenende in dieser eigentlich sehr schönen Stadt.

TV melden sich in der Nacht von alleine und verbreiten schlechte Nachrichten.

Die Dusche war bei Gott das Schrecklichste, was ich je erlebt. Sie wechselte ständig von viel zu heiß auf viel zu kalt – mit nichts dazwischen. Aber »zu meinem Glück« der Duschkopf war gebrochen, guckte nur gerade nach unten, und Wasser rieselte sehr schüchtern aus ihm – so es war leicht, im richtigen Moment vom kochenden Wasser zur Seite zu springen. Du bist sehr wach danach dieser »Dusche«.

Das Schlimmste ist, mein Verlobter wachte mit diesen widerlichen Insektenstichen in der Form von 50-Cent-Stücken auf beide Armen auf. Ich hatte Mitleid, aber auch Ekel – aber ihm nicht sagen.

Die Lobby sieht aus wie das Innere eines chinesischen Buffets ohne Essen.

Heute Unterhaltungsprogramm: Lotterie, ob die Zimmerreinigung stattfindet. Ich habe leider nicht gewonnen.

Wenn Sie keinen Herpes-Dauervertrag wollen, dann bleiben Sie nicht hier und sollten auch nicht auf dem Bett schlafen.

Die Eingeborenen sind leider nicht ausreichend aufgeklärt – genauso wie die Abwässer, die ins Meer fließen.

Dies ist die Art Hotel, die das »Bates-Motel« aussehen lässt wie das Paradies.

Teppiche hatten so schweren Geruch von Schimmel, dass ich hatte anzuhalten meinen Atem jedes Mal auf dem Weg zum Aufzug. Ich jedes Mal schwer Luft holen und mit Schweißstirn, wenn Aufzugstür öffnen – andere Reisende mussten denken, ich schwer an der Lunge krank.

Es war so beängstigend, dass ich dachte, der Spiegel, der von der Hälfte des TV abgedeckt wurde, war ein zweiseitiger Spiegel.

Ich gehe auf mein Zimmer und, oh nein, es ist eine pummelige Art von Hotel!

Es gab riesige gruselige Löcher in den Wänden. Eines konnten wir stopfen mit einem nass gemachten Telefonbuch. Dazu gesagt: Passte als Füllung hinein das gesamte Telefonbuch einer Acht-Millionen-Metropole!

Vor dem Hotel gab es einen blinden Bettler, der nicht einmal Beine hatte, so war er immer da. Ich glaube, er hatte dort ein besserer Platz zum Schlafen als wir innen und bekam auch Geld, während wir wurden abkassiert für einen schlechten Standard.

Morgens kam eine sogenannte Kellnerin ohne Kleidung an ihrem Unterteil und fragt, ob sie das Frühstück im Zimmer servieren darf.

Holy shit, sobald wir geöffnet Tür, den Gestank von alten Zigaretten und Arsch explodierte in unserem Gesicht, aber ich war so besorgt, dass wenn ich mich beschwerte, sie könnten mir etwas noch ein Schlimmeres geben.

Ich wusste, dass in der arabischen Welt anders sind viele Dinge, aber jetzt bin ich peinlich: In der Lobby rauchen Männer mit Schläuchen aus einer verzierten Toilette!

Zur Krönung des Ganzen die Hotelzimmer sitzen direkt unter den Überführungen von drei verschiedenen Autobahnen.

»Die Sauna ist im Keller!«, sagte er grinsend. Aber dann war da nur ein Heizraum, und als ich wieder durch die Lobby zu meinem Zimmer ging, das ganze Personal konnte nicht aufhören zu lachen und klopfte sich ans Bein.

Ging zum Hotel, eingecheckt. Ging in mein Zimmer, und der Flur roch nach Pot. Iiih! Gebrauchte meinen Schlüssel zu meinem zugewiesen Zimmer und stieß auf die Quelle des Marihuanageruchs: Eine nackte Frau sitzt zusammen mit einer Rauchwolke auf dem Bett, das ich hatte gerade bezahlt.

Das Frühstück kommt aus einer Plastiktüte. Kann man sie auch benutzen zum Brechen danach!

Es war ein großes Loch in einer meiner Taschen, wo die Ratten durchgekaut. Als ich das besprach am nächsten Tag mit dem Manager an der Theke, blieb sie völlig unbekümmert.

Nachdem ich ausgewichen den Damen-of-the-Abend, trat ich einen langen Flur: War eine ganze Etage nur Single-Wohnheim-Zimmer, die schwach nach Zigaretten und Verzweiflung riechen.

Samstagnacht, 2.40 Uhr: Ich überraschte eine weibliche Schabe, wie sie ein Ei ablegt im Badezimmer.

Montagnacht, 1.30 Uhr: Jetzt überrasche ich zwei kleine und eine erwachsene Kakerlake bei einer Familienwanderung im Badezimmer.

Noch bin ich in diesem Haus nicht ausgeraubt werden, aber bin ich sicher, dieses wird auch geschehen.

Alles ist kaputt, aber mit weißer Farbe verdeckt. Management denkt, Farbe Weiß verzeiht alles, aber es ist nicht so.

Sobald wir gingen in das kleine und ekelhafte Zimmer, ich wusste sofort, dass alle meine Chancen auf Glück mit meiner Freundin am Wochenende fortgegangen waren.

Die Fußböden fühlten sich buchstäblich schleimig an, und ich transformierte zu einer Reptilie in meinen Gedanken, wenn ich überlegte, wie es könnte sein, hier zu leben.

Ich wachte heute Morgen auf: Eine Ratte war am Schlemmen meine Medizin-Cookies.

Letzten Samstagnacht mein Freund war fast in den Kopf geschossen während des Schlafes, von Kugeln kommen durch die Wand. Sie wurden identifiziert von einer 9-mm-Pistole.

Junkies, beinlosen Freaks und Perversen aller Couleur wurden gesehen beim Versteck in den schattigen Gängen des Rotaugen-Motels.

Hotel fing Feuer um drei Uhr in der Früh! Der Rauch war wahrscheinlich so giftig, weil die verpinkelten Teppiche verbrannten.

Ich habe nichts gegen Hunde, aber wenn sie folgen mir, als ich in die Toilette zu gehen … dann dies mich ärgert.

Unsere einzige andere Möglichkeit wäre es gewesen, im Schnee zu schlafen, also hauten wir unser Gesichter in die fürchterliche Kissen.

Die Zimmer waren immerhin überraschend: Anhand des schimmeligen Essens in der Mikrowelle konnten wir ein Ratespiel machen!

Als wir aufwachten, krabbelte ein schwarzer Käfer neben mir. Ich tötete ihn schnell und wischte ihn weg, bevor mein Freundin es sah und flippte aus.

Sie hatten kein Raucherzimmer, daher sie zwingen uns zu rauchen vor allem im Aufzug. Wir uns kamen vor wie schwere Verbrecher, wenn wir eine Zigarette in den Mund steckten. Und das in Griechenland, früher hier die größten Raucher der Welt! Trauernde Geschichte.

Das Badezimmer hatte seit die Besuch von Hannibal und seine Elefanten nicht gereinigt worden! Keramik leider sämtlich zerstört auch daher.

Die weißen Wände wurden mit zahlreichen Tötungen von Mücken verziert.

Das Problem war das völlige Fehlen von Obst und Gemüse (außer im griechischen Salat) und die Präsenz von Käse in fast allen Gerichten. Das brachte eine Menge Probleme für diejenigen, die nicht essen können Käse.

Zwei Dinge passen nicht zusammen: das lange Haar auf meiner Oberschenkelrückseite und der völlig verklebte WC-Sitz. Die Folge: schmerzhaftes Aufstehen nach erledigtem Geschäft wegen der unfreiwilligen Epilation.

Es gab einige krabbenähnliche Tierchen auf dem Teppich. Aber sie sind die Wände hochgegangen, wenn ich versuchte, ein Foto von ihnen zu machen.

Stechender Geruch von Mottenkugeln im Raum würden mich töten. Hoffentlich die Manager machen Waffenstillstand mit diesen Lebewesen, sonst verbrennen hier weiter Augen, und alle weinen.

Schon von Weitem zu sehen sind tote Palmen, aber leider ist es nicht eine Fata Morgana!

Sie sagten uns, wir sind die ersten glücklichen Besucher des neuen Hotelkomplexes. Die ersten vielleicht, aber sicherlich nicht glücklich!

Ich fühlte, dass sie versuchten, uns zu beleidigen.

Gesundheit und Sicherheit von diesem Ort sind nicht sehr gut. Mein Partner schnitt seinen Fuß und verlor die Hälfte seines Zehennagels am Sportbecken mit überall Blutungen. Ich frage Commander von Animationsteam, der aber kein Erste-Hilfe-Equipment zum Strand genommen hatte. Er uns schickte an die Rezeption zu gehen und gleichzeitig bitten, keine Blutspur hinter uns zu lassen.

Nun, ich bin im Moment auf dem Bett in dem Zimmer, aus diesem Blickwinkel kann ich die Fenster von zehn Jahren mit mindestens zwei Fingern der Staub sehen! Schlimmer: Etwas kitzelte meinen Po!

Und die Nacht? Ein kontinuierliches Rauschen ohne Kontrolle von dem Strand.

Ich schlief in diesem Hotel vor Jahren, und auch heute noch meine Familie und ich haben die Erinnerung an ein Stück Fladenbrot mit Überraschung: Es hatte ein Büschel Haare mitgebacken!

Der Flur, wenn man aus dem Aufzug, hatte flackernde Lichter und erinnerte mich an eine Szene aus einem Horrorfilm. Wandern durch den Flur zu unserem Zimmer gab mir eine Gänsehaut, und ein seltsamer Geruch erfüllte uns innerhalb von uns selbst.

Das Abendessen war ein Albtraum von einer Qualität unterhalb der Ebene der Sohle der Schuhe.

Wurde, als ich auf der Toilette, begrüßt von dem beißenden chemischen Geruch von was, schien zu sein eine Badewanne verwandelt als Meth-Labor.

Wir waren so aus der ganzen Aufregung, dass wir zuerst nicht einmal bemerken die laute U-Bahn-Zug-Grollen, die alle 30 Minuten löst alle Auto-Alarmanlagen in der Parkgarage unter uns.

Das Zimmer roch feucht und so, wie Menschen hatten eine Menge Zeit damit verbracht, mit Rauchen und Sex hier.

Schlimm genug, ich machte Witz zu meinem Mann, dass ich besorgt war, dass, wenn wir hier versuchen, Babys zu machen, wir nicht sicher sein können, sie ihm gehören. Dass etwas von den Resten auf dem Bettlaken seinen Jungs machen könnte einige Konkurrenz.

Wir waren uns einig, dass auch wir als selbst ernannte soziale Chamäleons nicht einmal vorstellen konnte schlafen in einem der Betten.

Ich zog in ein anderes Zimmer in der 2. Etage, aber das Zimmer roch so schlecht, ich hatte eigentlich dauernd Kaffee zu machen zu vertuschen den Geruch (ja, was auch immer Sie denken, was verschwitzten Arsch riecht, roch diese Zimmer dergleichen).

Wir öffneten Tür in wörtlichen Schock: Sie hatten Löcher in die Wänden geflickt!

Das Hotel sah aus wie Keller von diesem gruseligen alte Mann aus der Nachbarschaft, der lädt kleine Kinder zu sich, um etwas zu trinken.

Es war in der City eine große Messe von Beleuchtungsmitteln, so bin ich sicher, dass sie ihre Preise aufgebockt, aber ich ging in das Zimmer, hatte keine Licht. Die Freaks mich verarschen?

Ich bin ein Anwohner und musste meine Wohnung zu verlassen für eine Termitenbehandlung, also kam ich hier für ein paar Nächte. Wäre ich besser geblieben bei den Termiten.

In einigen Ländern gibt es eine besondere Tradition, dass Männer den ganzen Tag herumspucken. Schleim war überall im Hotel, in der Lobby und auf den Treppen. Eigentlich widerlich, aber als Gäste wir müssen lernen, die Einspeichelung zu schätzen, und auch mitmachen!!

Ich war auf der 2. oder 3. Etage untergebracht, und die Rückseite des Hotels wurde komplett mit Gerüst abgedeckt. Mitten in der Nacht jemand an mein Fenster klopfte hektisch. Ein Junge stand am Fenster auf dem Gerüst und starrte in mein Zimmer. Ob ich Feuer hätte, fragte er. Ich war zu Tode erschrocken.

Unser Reiseführer ließ uns allein in der Kantine für die Wahl unsere Vorspeisen. Der Blumenkohl schmeckte etwas alt, sagte mein Mann später. Es sei Gehirn vom Kalb und frisch, sagte beleidigt der Reiseführer.

Ein schrecklicher Gestank von Fäulnis angegriffen mich, als der Nachtportier mich gefragt, wie ich bezahlen möchten. Wahrscheinlich hatte ein ernstes Problem mit der Mundhygiene. Halten Sie einen Sicherheitsabstand, der Gestank wurde auf meiner Hirnrinde bis heute eingebrannt.

Allerdings hatte ich noch nie eine Sauna besucht. Ich dachte immer, dass du nackt auf der Holzbank sitzen und schwitzen. Aber die anderen sahen mich vorwurfsvoll an und fragten mich zu binden mir ein Handtuch um. Ich fühlte mich unwohl und ausgeschlossen. Sie sahen aus wie eine enge Gemeinschaft, die immer hier zu treffen und niemand akzeptiert, das es neu ist. Das die Menschen aus der Kleinstadt, nicht normale, liberale Hotelgäste.

Auf dem Flur stand ein altes Sofa, auf das jemand das Wort »Sofa« gesprüht. War wohl für Leute, die nicht wissen, was ein Sofa ist.

Schätzungsweise zehn Starkbier oder vielleicht mehr Sie brauchen, bevor Sie ein Auge zumachen.

Auf Kairo rollte es einen Sandsturm zu. Aber wir angenommen, dass die 4-Sterne-Hotel ist für dieses Naturphänomen vorbereitet. Leider war dies nicht der Fall. Vielen Dank, an alle Fenster und Türen kriecht feiner roter Sand. Das Frühstücksbuffet wurde mit feinen Körnchen verunreinigt. Wir haben schnell erkannt, dass wir im Begriff waren, die Zähne ruinieren, wenn wir essen weiter.

Verwenden Sie nicht die Schuhputzmaschinen, die Sie erwarten einladend auf jeder Etage vor dem Aufzugsschacht. Diese laufen nämlich scheinbar ohne Schuhcreme. Meine schöne neue Entertainment-Schuhe wurden nicht poliert, sondern als wund und zerkratzt. Ich war sehr aufgeregt und warte immer noch auf Nachvergütung Management.

Die Zimmer verfügen über Mücken überall (die Wände der Zimmer sind ein Friedhof mit unterschiedlichen zerquetschte Moskitos an der Wand). Habe überhaupt nicht geschlafen und seit ein schwerer Tinnitus.

Es war ein sehr deprimierender Aufenthalt. Die Zimmer wirkten auf uns wie von einem Hospiz.

Ich versuchte das Schlafen, aber der Techno-DJ entfernte mit seinem Disko-Presslufthammer Kacheln in meinem Gehirn in der Nacht.

Da pimpen sie die Lobby ein wenig und nennen sich ein »Resort«! Denken sie, wir blöde Affen, die gerade von einem Baum gefallen?!

Die Mädchen, die den Empfang bedienten, waren Idioten. Und das ist der freundlichste Name, den ich mir vorstellen kann, sie zu nennen.

Wie es begann zu regnen, unser Zimmer war überflutet.

Irgendwer klaute unsere »Nicht-Stören«-Schilder. Deshalb hämmerte das Reinigungspersonal wie verrückt unsere Tür, als ob ihr Leben davon abhinge.

Um den Pool mehrmals zu besuchen, musste ich ein klebriges, braunes Armband anlegen, wie in einem Billig-Swinger-Club!

Das Zimmer sah aus wie ein Ort, wo man vergewaltigt. Und nicht wie ein Ort, an dem man sich verliebt!

Vor meinem Urlaub im Hotel Paradiso wusste ich gar nicht, dass es ein vielköpfiges Paradies: Von außen sieht es aus wie Paradies – und von innen aber stinkt es nach Schimmel und Mehltau, sobald man es betritt!

Ich fand ein großes Stück Haut von Fuß zwischen unseren Bettlaken!!!

Ah, habe ich schon erwähnt, dass das Hotel sofort reagiert hat, als ich die Ratte meldete? Sie stellten es eine Rattenfalle hinter der Couch im Zimmer!

Ich liege derzeit auf dem unbequemen Schlafsofa, und permanent Wanzen landen auf mir. Aber ich bin zu müde, um zu gehen. Auch der Gestank nach alten Kippen verweilt. Ach, was soll's. Gute Nacht!

In den Dünen gab es natürlich auch die allgegenwärtigen alten FKK-Opas, die herumschleichen und dir bei der ersten Gelegenheit ihre Nudel-Attraktion präsentieren.

Um 01.00 Uhr kommt der Pizzabote, bringt das Futter und sagt uns, wir sollten auf jeden Fall unsere Tür bald wegen der »Scheiße, die unten gleich geht los« riegeln.

Der Klimagerät erscheint steuerbar sein über Voodoo-Magie und Gebete.

Drogendealer und Prostitution ist das Erste, was in den Sinn kommt, wenn man das Grundstück betritt. Was aber noch viel mehr Sorgen macht, sind die Sicherheitsleute – die noch schlimmer aussehen als Gangster!

Für dem unwahrscheinlichen Fall, die hier gestorbenen Gäste haben geschafft, in diesem Hotel ewigen Schlaf zu finden, die Toilettenspülung werden sie erwecken.

Wenn Sie zu lange in der Lobby stehen, werden Sie von der dunklen Aura des Raumes erfasst, und Ihnen wird übel und schwindelig werden. Glauben Sie! Schließen Sie früh genug die Augen oder tragen Sie eine dunkle Brille in der Lobby.

Das Schlimmste war in der Nacht, wenn meine Beine waren super jucken. Wachte auf und sah drei Flöhe zu knallen auf der Fensterbank. Schwer zu töten, aber verschwinden lassen in den Ausguss.

Die Aufzüge sind erschreckend wild und passiv-aggressiv. Wenn Sie jemals wollten gefressen werden von einem Aufzug, dies ist große Chance!

Um die Whirlpool-Badewanne zu benutzen, musste man sein ein guter Bergkletterer-Erfahrungen mitbringen, weil das Ding war etwa fünf Meter tief, und ich hatte meine Karabinerhaken zufällig nicht dabei. Wie auch: War ich ja nackt!

Extra: Ein Wespennest unter dem Dach vor Zimmerfenster ist auf Wunsch sicher für Ihre gute Unterhaltung: Nehmen Sie das kaputte Fensterbrett und schlagen es herunter – Sie bekommen genug Insekt-Terror für ein ganze Nacht!

Ich hoffe, Sie und Ihre Mitreisenden nicht stört einander zuhören beim Kacken.

Zur Schlafenszeit verdächtiges Geräusch in den niedrigen Mauern, deutet darauf hin, dass ein Leben in den Wänden ist möglich.

Ich war komplett voller Duschgel, als plötzlich das Wasser abgestellt wurde. Wir riefen die Rezeption an, und dort wurde uns gesagt, dass das ganze Hotel ohne Wasser wäre. Sie würde uns aber ein paar Flaschen Cola schicken, um unser Gesicht zu reinigen und die Zähne zu putzen.

Jetzt weiß ich auch, was mit »großzügiges Anwesen« gemeint wurde! Man braucht ein Auto, um von der Lobby bis zum Zimmer zu kommen!

Erblickte ich einen großen, bösen, kriechenden Insekt mit einer Schleimspur in der Nähe der Rezeption.

Schreckliche Luftverschmutzung! Obwohl die Bar auf der Hoteldachterrasse eine gute Aussicht hatte, wurde sie nicht besucht, denn es sieht nicht sexy aus, einen Cocktail mit einer Sauerstoffmaske zu trinken.

Wir konnten wegen eines lachenden Angriffs nicht schlafen: Jedes Mal, wenn wir im Bett bewegen, es klingt wie ein Furzkissen unter der Matratze.

Politik des Hauses: Der Tod ist keine große Sache, es passiert jeden Tag. Also nix da mit Betten machen, Reinigung der Zimmer usw.! Der Gast wird sterben sowieso, und dann keine Rolle mehr, was er sagte oder dachte.

Es ist wie ein Geisterhaus: Der Schrecken ist die Attraktion!

Ich bin mir bewusst, dass Pro-Atom-Nationen gibt, eine Terrasse mit Blick auf die Kühltürme eines Kraftwerks ist aber etwas, das nicht gleich gut von alle Hotelgäste empfangen werden wird.

Dies ist meine erste Kritik, weil ich sonst bin einfach zufrieden und denke meistens, ist egal. Aber ein beträchtlicher Haufen Kot im Bett? Ich kann nur hoffen, dass man mich für dieses Mal testen wollte. Nicht wieder bitte!

All inclusive? Mach mich nicht zum Lachen! Ich versuchte mehrmals, mit dem Personal zu kuscheln, und sie immer rief die Security!

Wenn Sie essen, es gab oben immer eine blaues Flackern mit Zischen verbunden, und dann landete eine frisch gegrillten Fliege oder Mücke auf Ihre Tisch. Eine unappetitliche Art der Insektenvernichtung mit Geruch verbrannter Eiweißes.

Meine Brille fiel hinter dem Bettkopf-Board, sodass ich griff nach unten, um sie zu finden. Aber stattdessen fand meine Hand einen Vibrator. Der Concierge weigerte sich zu glauben, dass wir fanden den Vibrator im Bett, und beschuldigte uns stattdessen, den Gerät selbst zu platzieren, um Vergünstigung zu erpressen.

Wir Gäste mussten rückseitigen Mitarbeiter-Service-Eingang zu benutzen, um in das Hotel zu treten. Meine Vermutung: Ein Unglückspilz von Reisender ist im Vordereingang gestorben, wenn eine Betonplatte auf ihn gefallen.

· 003 ·

»DER BODEN SPRUDELT, WO ER VON DER DUSCHE UNDICHT.«

Abstriche in puncto Ausstattung

Ist Ihr Zuhause mit einem Whirlpool, einer schnuckeligen finnischen Sauna, einer tollen Massagedusche und einem Doppelbett im Kingsize-Format ausgestattet? Natürlich nicht. Haben Sie es gerne gemütlich? Na klar! Deshalb schätzt man solche Annehmlichkeiten umso mehr, wenn man sie auf Reisen geboten bekommt – oder das Hotel gleich aufgrund dieser Details ausgewählt hat.

Wie erquickend ist allein die Vorstellung, sich vor dem Frühstück noch eine Runde im Hotelpool wachkraulen zu können! Oder es sich nach einem langen Geschäftstermin oder einer strapaziösen Museumstour in einem gemütlichen Hotelbett bequem zu machen, ein spannendes Buch zu lesen oder sich durch die bunte TV-Welt zu zappen …

So schaffen es viele Hotels weltweit, beim Reisenden für ein Höchstmaß an Entspannung zu sorgen. Einfach, weil sie sich perfekt auf die Ansprüche ihrer Kunden eingestellt haben und entsprechend ausgestattet sind. Weil ihnen deren Wohlbefinden am Herzen liegt und Gastfreundschaft die beste Visitenkarte ist, wenn man Besuch aus fremden Ländern von den Vorzügen der lokalen Besonderheiten überzeugen möchte. Diese Sorgfalt spürt man sofort an vielen, manchmal auch nur kleinen Details.

Und manchmal spürt man auch das krasse Gegenteil – und auch das macht den Urlaub unvergesslich.

Die Treppe zu unserem Kellerzimmer war so eng, dass man seitwärts gehen musste. Ich bin nicht übergewichtig: Die Breite des Treppenhauses war circa 30 bis 40 cm.

Die Halterung und Drähte des Fernsehers waren noch in der Wand, so kann ich mir nur vorstellen, dass nicht mal er wollte bleiben im Zimmer und warf sich selbst aus dem Fenster, um der schrecklichen Enge der Residenz zu entfliehen.

Der Teppich auf dem Boden: ein Schleier des Anstands von Sprache und Bildung.

Waschbecken und WC waren direkt unter der Dusche eingebaut. So war es möglich, gleichzeitig zu duschen, Nr. 2 zu machen und sich die Zähne zu reinigen – was für eine Zeitersparnis!

Wasser lauerte bereits im Wasserkocher.

Mein Bett hatte 65 Federn in der Matratze. Wie kann ich wissen? Mein Rücken hat jede einzelne von ihnen gezählt.

Der verschimmelte, lockere Putz an der Decke wurde professionell mit Tesafilm befestigt und noch schöner neu gestaltet, indem einiges davon noch baumelten.

Das Bett schien sauber und komfortabel genug, aber als der Schlupf kam von meinem Kissen, ich merkte, dass ich schlafe auf einem von Sabber gelb gefärbten Kissen.

Das Fenster wurde geschlossen mit Kaugummi.

Ich drehte die Dusche auf und hey, kochendes Wasser über den Kopf quer durch die Fliesen, und alles sprudelte über den WC-Sitz! Ich dachte, das war ein Scherz! Dann sah ich das große Loch im Duschschlauch.

Die Klimaanlage war lauter als Weltkrieg II.

Das Zimmer, ist es entworfen, um Bewohner für Verbrechen aus einem anderen Leben zu bestrafen?

Die Kissenbezüge auf den Betten waren knusprig mit Speichel.

Vor allem gab es nicht einmal ein Fenster, das geöffnet werden konnte. Stellen Sie sich vor, wie wenig frische Luft dieser Raum in den Jahrzehnten, seit das Haus gebaut wurde, wahrscheinlich gesehen haben muss!

Die Matratze war nichts als Linien von Federn, die in mir gegraben ganze Nacht.

Sitzen auf der Toilette in irgendeiner Position war nicht möglich, da das Handwaschbecken in einer solchen Position, um dies zu verhindern, befand.

Die Möbel sollten im 18. Jahrhundert verurteilt worden sein.

Das Bett muss direkt aus Arche Noah gekommen sein.

Alles hier erstarrte vor Dreck. Ich habe sogar einen Schlüssel verwendet, um die Tasten der TV-Fernbedienung zu drücken!

Es gab einen Tisch und Stühle und eine alte Dose Thunfisch als Aschenbecher.

Schlampige Elektrik: Mein Freund versuchte Einschalten des TV mit einer Fernbedienung, aber das würde nicht funktionieren. Als wir dann versucht, das Licht auszuschalten, um ins Bett zu gehen, erwies sich der Lichtschalter als der Auslöser, um das Fernsehgerät einzuschalten!

Rauschen in den Heizungsrohren gurgelte die ganze Nacht. Die Niagara-Fälle können nicht lauter sein.

Der Eingang befindet sich in einer Gasse mit Dekor und authentischem Urinduft.

Das Bett war schrecklich, wir haben beide saure Rücken.

Beide Lichter flackerten mit einer hohen Geschwindigkeit. Dann eines starb.

Die Bettwäsche war nicht gewechselt… sie war gelb in dem Bereich, wo eine Person im Bett gelegen hatte.

Unsere Tür war nichts, vielleicht aus Pappe.

Die Heizung ist elektrisch. Wenn Sie es aktivieren, Sie werden in einem Feuer sterben oder erstickt durch Riechen.

Die Person, die diese Dusche konzipierte, ist die schlimmste Person überhaupt. Sicherlich er wurde als Kind misshandelt, sonst sehe ich keinen Grund, warum er sollte entwerfen eine Dusche wie diese.

Gott sei Dank Toilette war sauber, auch wenn sein Sitz wahrscheinlich feiert bald seinen 50. Geburtstag.

Ich habe nichts gegen müde Möbel, aber nicht gut gefällt mir rasanter Verfall.

Das Bett war geschminkt, aber wir waren nicht sicher, ob es frische Bettwäsche.

Die Dusche ist schrecklich und hat vieler Völker Schamhaare auf dem Boden.

Die Badewanne war so mit Beulen und Farben braungrau, ich habe niemals je so schnell gebadet in meinem Leben zuvor.

Wie ich hier sitzen, in einem fensterlosen Raum, einem Fernseher als Gesellschafter, an dem nur zwei Kanäle laufen, und keinen Löffel für meinen Tee, überfällt es mich schwer, etwas Passendes zu diesem Hotel zu sagen.

Das Zimmer roch wie ein Topf ranziger Butter und war leider nur beschränkt schallisoliert.

Verrücktes kleine Zimmer. Wenn mein Ehemann mit der Absicht, die Tür zu öffnen, zwang es mich zurück auf den Bett und meine Beine einzuziehen.

Die Matratze war groß, aber hing in der Mitte herunter wie eine Hängematte. In der Früh haben wir immer die Mitte des Bettes erfüllt, entweder von Angesicht zu Angesicht oder Hintern an Hintern.

Die Garderobe aus billigem Karton fiel in der Nacht zusammen im Zimmer und bestäubt dieses komplett – ich wünschte, ich hätte eine Atemmaske getragen, wie Sie es sehen können auf vielen ängstlichen Gesichtern japanischer Reisenden.

Ich hatte ein Einzelzimmer gebucht und fand ich mich in einem Schrank mit einem Bett, der unbequem sein würde sogar für ein Kind.

Parken nur für Menschen mit professioneller Erfahrung in Militärmanöver.

Vor unserem Balkon gab es dann eine seltsame Maschine, die Tag und Nacht ein absurdes Geräusch machte, wir konnten nicht verstehen für welchen Zweck.

Die Terrasse ist eine Reihe von Tischen und Stühlen, die wie zufällig und schmutzig aus der Hölle gespuckt wurden auf sie.

Der TV war auf dem Schrank als Verzierung, er hat nicht funktioniert und tat dies mehrmals.

Zimmer starben von der Hitze, weil keine Klimaanlage …

Die Matratzen waren schrecklich und die Kissen nicht viel dicker als eine platt gesessene Scheibe von Toastbrot.

Dusche unanständig. Lassen Sie es bleiben.

Der Fernseher war kaputt – es sei denn, Sie halten die ganze Zeit den Finger auf dem Kanal, den Sie schauen möchten.

Das Zimmer war eng, schmutzig und zerzaust.

Bei einem Spaziergang durch den Empfang Ihre Füße kleben an alten Getränkeflecken auf dem Boden.

Das Bett war wie ein Stück Pappe. Ich legte eine Plane darüber und schlief in meinem Schlafsack.

Der Balkon ist schlecht geneigt und bekommt bald einen Kollaps die Straße hinunter.

Aufzug gewartet werden muss … Bringt verdächtige Geräusche zu Ihrem Hörgenuss.

Dusche machte ein lautes Kreischen und schlug Lärm.

Das Bad war voll von kleiner Körperbehaarung, und kalter Wasserhahn macht Geräusch von sterbendem Tier, wenn Sie es einschalten.

Der Grund des Pools wirkte mit Schleim überzogen.

Die Kissenbezüge waren schreckliche braune Dinger, die nach fettigen Haaren stanken.

Bist du hier für die Beulen, dann springe. Pool ist leer im August.

Der Strand war klein und mit der Musik von Idioten von überall auf der Welt, den schlechtesten.

Die Möbel schienen aus Müllcontainern gekommen zu sein.

Der Gestank mit den Geräuschen gekoppelt erlaubte uns nicht, zu schlafen.

Die Dusche ist ein Wasserhahn und kommt aus der Wand über der Toilette.

Der Innenhof ist eher Schrank mit Auspuff.

Ich wollte schon lange wissen, wie eine Übernachtung in einem Baumhotel zu machen ist. Jetzt nicht mehr: Toilette ist auf dem Boden. Wie gewöhnlich!

Die Tür war in der Mitte gelocht worden und wurde geknackt.

Das Zimmer selbst war alt und sehr müde. Der Fernseher bereits den Ersten Weltkrieg machte mit.

Auf der Toilette die Entladung des Wassers ist eher verfehlt …

Nur eine Sache, die mir wirklich in unserem Hotel sehr gefallen: der große Parkplatz.

Wasser von Pool hatte flippigen Geruch.

Am achten Tag schuf Gott in Spanien zwei Dinge: a) die Strandliege und b) die Kunst, sich auf sie zu legen, nachdem ein Deutscher sie vorher reserviert hatte.

Der attraktive Gestank des Teppichs nicht wirklich erfüllt uns mit Vertrauen.

Alarmglocken gingen los, wenn wir die rissige Kunststoff-Hotelschild sah über den Eingang von der Straße, und unsere Befürchtungen wurden nur vertieft auf die zerfressen roten Teppich bis zur Rezeption.

Der ganze Ort fällt auseinander.

Die Zimmer sind streng wie Zellen eines Klosters – aber leider ohne neugierige Mönche!

Es war unmöglich, die Zähne zu putzen, ohne die Socken zu waschen, weil das Wasser aus dem gebrochenen Waschbecken auf den Boden nässt.

Dann nehmen wir den Besitz der Zimmer, und dort haben wir überrascht mit einer völlig zertrümmerten Bett in einem Gebäude ohne Fenster würdig eines Studentenwohnheims.

Das Bad war eine Kiste in der Ecke, in die man die Toilette gelegt hat, sodass Sie nicht auf dieser sitzen konnten.

Betten, wo es war schwierig zu schlafen, weil sie so schlecht, dass Ihr Hintern berührt das Rost.

Der Lift ist unsicher, und einer unserer Klassenkameraden war mit einer zufälligen Dame stecken geblieben in diesem.

Unterhaltung: nur ein sehr schlechtes Radio am Pool, mit der gleichen Musik den ganzen Tag lang.

Ich ging nach unten zur Rezeption und bat um ein Handtuch. Er gab mir eine Tischdecke zu dienen. Meine Frau und ich knackten und lachen.

Der Stuhl war ein Miniaturhocker, der Tisch eigentlich ein kurzes Fensterbrett – wahrscheinlich wurde das Mobiliar so ausgesucht, um die Proportionen so zu ändern, dass keiner merkte, dass das Zimmer in Wirklichkeit ein Schuhkarton war.

Ich zog das Bett hervor und fand eine Ladung Dreck dahinter.

»Traditionelle Möbel« bedeutet ein 50 Jahre alter stinky Holzschrank, der sich nicht einmal öffnen ließ.

Hotelarchitekt war ein Pilot zuvor, wie Sie am Badezimmer sehen: so groß wie ein Flugzeug-WC.

Die Nähe zum Bahnhof und die daraus resultierende Lärm der Züge wird es durch sehr laute Rauschen von Meereswellen und ständige Geschrei von Möwen gemildert.

Den Shuttlebus gab es zwar, aber es war ein sehr altes Menschen-Mover-Fahrzeug mit gebrochenen Rücksitzen.

Die Dusche war tödlich rutschig.

Die Kissen, sie sahen aus, als ob jemand sich auf sie erbrochen hat.

Die Zimmertüre ist so alt und rostig, dass würde es brauchen halbe Nacht, nur um die Tür zu schließen, weil das Schloss klemmt.

Die Heizung … na ja, Hölle, es sah aus, als hätte jemand versucht, ihre Toast auf sie kochen.

Der Pool war eine Jauchegrube – unbrauchbar.

Es hieß Fitnessstudio, waren aber nur ein Springseil in einem schmutzig riechenden Keller!

Im Preis inbegriffen ist Krug Wasser in der Spüle.

Das Zimmer war winzig, winzig, winzig! Nur ein Meter Platz außer dem Bett!

Die Fenster zu öffnen war nicht möglich, und es ähnelte einem Gefängnis in vielerlei Hinsicht, einschließlich der gruseligen Gemeinschaftsduschen und dem Weinen und Schreien in der Nacht – aber die Betten waren sehr bequem.

Bei jedem Schritt wir waren geklebt an der Oberfläche des synthetischen Bodens, er krallte sich buchstäblich um unsere Füße. Wir legten mit Handtücher einem Weg vom Schlafzimmer ins Bad, um die Strecke schneller zu schaffen.

Das Zimmer war sicher und nicht unangenehm klein.

Dusche und WC sind oberflächlich sauber, aber verwurzelte Flecken im Boden der Dusche?

Die Handtücher stinken hier so stark nach Chlor, dass du nach ein paar Minuten im Bad hast rote Augen von Kaninchen. Wir sollten zum Schutz eine Schwimmmaske verwenden, wie in einem Badehaus üblich.

Der Abfluss der Dusche war verstopft, das Wasser sich am oberen Sprunggelenk gesammelt schnell. Daher unterliege besser nicht dem Drang, in der Dusche zu pinkeln.

Schwarzer Schimmel in den Fugen des Badezimmers schien sich allmählich in Bewegung zu setzen.

Das Zimmer ist sehr klein, kalt und windig, da es gibt große Risse in der Wand. Boden im Zimmer ist steinig oder Beton ohne Teppiche.

Das Schloss an der Badezimmertür konnte plötzlich nicht von innen geöffnet werden. Lange um Hilfe zu rufen, es war zu peinlich. Ich warf mich gegen die Tür mehrmals, sie aufzubrechen. Mit etwas mehr Anlaufstrecke wäre es einfacher und weniger schmerzhaft für meine Schulter geworden.

Die Ausstattung gehen zurück in die Zeit von Abraham!

Gute Chance hast du, auf den Toiletten zu sitzen, wenn du mindestens 2,50 Meter lang, sonst unmöglich, weil Toilettenfuß zu hoch. Einmal sitzen, machen sich schnell Druckmuster auf Schenkelinnenseite und Popo spürbar – weil Toilettenschüssel sehr alt und schon viel gesehen.

Leider brach ich beim Versuch, das Fenster zu öffnen, ab den Griff. Dies ist, warum praktisch kein Sauerstoff in den Raum. Zum letzten Mal hier gelüftet war wohl 1945, als die Franzosen begrüßten die Befreier von Paris von hier oben. Wir mussten mit der Schlafzimmertür offen zu schlafen, um nicht zu ersticken.

Wenn Sie dorthin gehen, bringen Sie Ihre Hausschuhe für die Dusche, sonst könnte man eine Krankheit holen!

Wir versuchten, die Lüftung einigermaßen mit Handtüchern abzudichten, was aber nicht gut gelang. Das Ding arbeitete so stark, dass die Handtücher wie Papiertaschentücher durch die Luft wirbelten …

Ich respektiere zutiefst die Herrscher des Hotels, dass sie immer den richtigen Weg finden, denn es ist ein Labyrinth! Wahrscheinlich haben viele Gäste unterwegs auf der Suche nach ihrem Zimmer gestorben.

Es scheint seltsam, aber anscheinend die Schirmherren des Hotels besitzen nicht die geistigen und körperlichen Fähigkeiten, um die Eingangstür, die immer mit Kraft zugeschlagen, zu ersetzen.

Das Waschbecken war undicht und wir haben den Korb verwendet, um das Wasser zu sammeln.

Der Blick aufs Meer, der laut der Webseite (jedes Zimmer sollte ein Zimmer mit Meerblick haben) versprochen wurde, passiert nur, indem man sich aus dem Hotelbalkon herausklettert und nach rechts schaut … Gefährlich!

Strand ist sehr schmutzig, und wenn Sie sich an der Rezeption beschweren, gibt er nur eine Liste: Telefonnummer der Polizei, Feuerwehr und einer der Krankenwagen. Er sagt: »Rufen Sie an und bekommen Sie Hilfe. Hehehe!«

Das Zimmer war sehr klein, das Bad unbeschreiblich ohne Fenster und ohne Luftsprudler … nicht einmal in Bahnhofsmission habe ich so viel Elend gesehen.

Ich zahlte für ein Zimmer mit einem Brett im Bett (im Bett, ich meine!) und ich war gezwungen, wie eine Hängematte zu schlafen, nicht zu erwähnen, die war schlecht.

Die Toilettenanlage hatte überhaupt keinen Power: Das kleine Rinnsal aus dem Wasserkasten war nie in der Lage, den Stuhlgang zu spülen. Immer alles schwimmen und sichtbar bleiben.

Sobald wir das Zimmer betreten, Übelgeruch begrüßt uns. Handtücher waren mit gleichem Geruch imprägniert. Noch schlechtere Überraschung im Bad, wo die Wasserleitungen außer der Kontrolle: Nur kurz Hände gereinigt, und Wasser bereits eindringen in unserem Zimmer, blubbern aus der Wand.

Im Bad schlecht sitzende Nettofensterabdeckungen bieten keine Privatsphäre, erfreulich wenigsten hatten wir einen Raum mit Balkon: Bedauerlich Pflanzen waren tot und sehr schmutzig.

Kurz gesagt, die Ausstattung stammt von 1975 und ist die Wanne mit Großmutter darin.

Der Safe war kaputt, und es gab eine getrocknete Bananenschale in sie. Ein Symbol für »das Beste hier drin ist weg«.

Zum Glück aber die Umgebung mit vielen Naturschönheiten und historischen Museen hat sich übergeben.

Im Pool schwammen (trübes Wasser) sicher Hunderte von Ameisen. Keine Menschen natürlich, denn diese nicht willkommen hier.

Leider WC-Fenster der Wohnungen gehen auf die Terrasse der Wohnung nebenan. Hoffentlich wird der Architekt in einer Jauchegrube zu Ende gehen!

Der Strand war etwas absurd: Schmutzwasser voll von Algen, und als Sahnehäubchen auf dem Kuchen Kunststoffflaschen und Schwämme für die Haushaltsreinigung, die leise im Meer schwammen.

Der Spiegel ist so voll von alten Flecken, dass er dir wird nur die Hälfte des Gesichts zu zeigen.

Große Schlüssel in der Schublade des Nachtisch gefunden: Gehört zu den Toren der Hölle, das ist doch sicherlich unter meinem Bett.

Durch den gemeinsamen Lüftungsschacht von Bad und Hotelküche gibt es in Dusche immer riechen nach Curry: Lecker!

Im ganzen Hotel gab es nur diese orientalischen Plumpsklos mit einem Loch in der Mitte, aber keinen normalen Toilettensitz. Es war sehr ungewöhnlich, und ich hatte eine lange Zeit immer noch weh in meinem Oberschenkel. Ich fand, das ist ein großer Abzug von Lebensqualität.

Hey, ohne Scheiße! Es gab keinen Automaten im ganzen Haus: nicht für Eis oder Sandwiches, nicht fürs Schuheputzen, nicht für Kondome. Ich finde, ein modernes Hotel sollte diese Automaten zeigen, die Leben doch leichter machen. Jeder weiß das schon!

Es gibt nur eine Steckdose am Fuße des Bettes, sodass ich rasieren, während ich unter dem Bett!

Der Strand des Dorfes (ich kämpfen, um es so nennen …) ist eigentlich eine Dockingstation für Boote.

Das Frühstück war auf einem winzigen Wickeltisch (einer für alles) vor dem Empfang.

Die Betten haben kein Netzwerk, sondern ein Holzbrett drei cm, schlafen wir gut wie Fakire.

Nie habe ich gesehen die angekündigten beweglichen Stühle.

Gibt es keine Mikrowelle oder ein andere Werkzeug zur Abwehr von Mücken.

Das Hotel liegt neben einem Bauernhof, wo viele Esel leben und schreien. Die Tiere genau wie wir haben nur einen kleinen Rasen ohne Pool. Aber wir dafür bezahlt. So darf ich Sie fragen: Wer ist der große Esel?

Leider gibt es eine weiße Schicht von Fett aus der Sonnenmilch gewaschen am Schwimmbadrand, und gibt es bloody Pflaster am Ufer: Wann die Putzfrau wird endlich kommen?

Warum gibt es absolut keinen Platz zwischen der WC-Schüssel und der Wand, was soll man mit den Beinen (die meisten Menschen haben noch Beine) zu haben? Wir also seitlich auf die Toilette sitzen – immer etwas Neues, sogar im heimlichen Scheißhaus ...

Entgegen die Broschüre, wo alles leer, es zeigte sich, dass viele Menschen am Pool sitzen.

Unsere Dusche war ein bisschen verkrustet und verrostet, aber das Wasser kam mit einer großen Besetzung und reichlich.

Das Restaurant ist groß und sauber, aber oft voll von Hotelkatzen, die zwischen den Tischen zu bewegen.

Das Bett hatte nur drei Beine (nicht stabil).

Wurde eine vertrocknete Kröte auf dem Boden liegend von dem leeren Pool.

Habe ich viele überlegt, was wäre besser: frische Bettwäsche auf einer stinkenden Matratze oder stinkende Bettwäsche auf einer frischen Matratze?

Es gab eine kleine Dachterrasse, eigentlich die Restmauer eines ehemaligen Gebäudes, das zusammengebrochen war, man aber immer noch sehen konnte, wo die Fenster eingesetzt waren, aber das Dach fehlte. Also das war die Aussicht.

Okay, der Strand ist schlecht ausgestattet, aber dies wird nicht von der Qualität des Meeres ausgeglichen.

Alles ist nur wenige Minuten mit dem Taxi entfernt, allerdings nur, wenn Sie ein Taxi bekommen können, das tatsächlich in diesem Loch würde überhaupt stoppen.

Das Geländer der Veranda im 4. Stock war aus Kunststoff und hängen lose am Gebäude. Es war definitiv eine Todesoption, hier zu nah zu kommen. Das Personal hat uns gebeten, hier nicht zu benutzen, weil Vormieter beinahe in den Tod gefallen. Sie versprachen, es bald zu beheben – kann ich dies nicht glauben.

Teppich auf dem Boden war schmutzig voller Flecken und roch. Nur Gott weiß, was die Flecken waren.

Alles falsch anders wie vom Katalog: Palmenhain ist ein Witz von Plastikbäumen, Tiki-Lounge aus Holzimitat oder Kunststoff, Sessel und Tische aus dem Jahrhundert vor ihnen. In einer Nussschale gesagt: billig und schlecht.

Ohne einen kränkenden Angriff zu wollen: Diese Liegewiese ist eine Wiese für das Zusammenliegen mit Kot von Kaninchen, Hase, Reh und weiteren Tieren.

Die Dusche war düster mit einem gebrochenen Kopf, und die Toilette riecht nach Urin und ungewaschenen Hosen.

Meine Enkelin hat geschnitten ihrem Zeh ab an einem gebrochenen Fliesenkante – verdammt!

Das Einzelbett in unserem Zimmer hatte einen Matratzen-Beschützer als Decke.

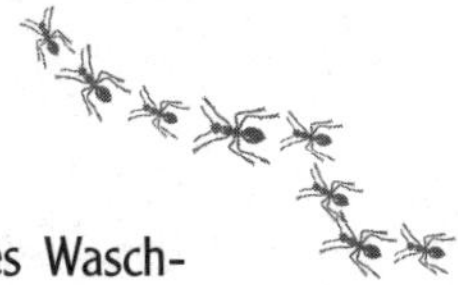

Das Zimmer hat einen alten Ofen, ein pathetisches Waschbecken und eine Klimaanlage, die wahrscheinlich älter ist als meine Mutter und ich zusammen.

Der Schreibtisch war zu fallen auseinander! Eine Schublade hatte bereits beschlossen aufzugeben und saß auf dem Boden, als wir ankamen.

Als wir die sehr enge dreckige Treppe hinaufgingen und versuchten, auf der Vielzahl der kaputten Fliesen nicht zu fallen unter, wir langsam, aber sicher: Es war sicherlich nicht die Treppe zum Himmel.

Als schließlich im Inneren fanden wir eine abgenutzte Zimmer und ein Schrank aus dem Jahr 1820 vor dem Zusammenbruch.

Alle Teppiche wurden klebgefesselt mit Kunststoff.

Die Dusche war erbärmlich, kann genauso gut mein Mann spucken auf mich, für die Duschgel abwaschen.

Der Duschkopf nicht in seiner Halterung gut sitzen, so schlug er mir auf den Kopf, als er herausfiel. Hotelrezeption sagt, du bist willkommen, denn in diesem Hotel ist immer etwas extra umsonst, Beispiel gegeben meine Beule.

Der Schrank war oben kaputt mit großem Loch, als hätte jemand seinen Kopf durchgestoßen, um zu sehen, was innen.

Der Speisesaal war sehr klein im Vergleich zu all den Menschen, die dort waren. Saßen wir so dicht, dass man nicht aufstehen konnte, dann also wurden alle Kinder geopfert!

Bringen Sie hierher nicht Ihre Kinder oder jemand, wo Sie planen, eine Zukunft mit zu haben.

Ich freute auf einen frisch gebrühten Kaffee im Zimmer. Aber es wurde nichts daraus. Die Kaffeesahne fiel als kleine Fettansammlung in einem Klumpen in die Tasse und machte alles ungenießbar.

Wannenabfluss war nicht sichtbar. Hier hatte sich ein Haarklumpen in der Größe eines Golfballs eingenistet. Ich war leicht würgen, als ich ihn mit Cleenex-Papers entfernte.

Es waren nur kleine Spiegel von der Brust aufwärts in der gesamten Suite. Ich sehe nur meinen Kopf und Schulter. Was ist mit dem Rest? Keine Chance, keine Ganzkörperspiegel, nirgends? Sollen die Gäste im Hochsprung den unteren Teil des Körpers sehen, um zu überprüfen?

Zuerst war ich glücklich: Oh toll, ein Bügeleisen und ein kleines Bügelbrett im Schrank. Aber die Sache war offenbar noch nie benutzt oder irgendwann missbräuchlich angewendet worden: Das Bügeleisen ist einfach auf meiner Jacke stecken geblieben und hat schnell gemacht immense Feuerstellen. Diese sah aus wie die Haut einer Hyäne nachher. Beschwerde blieb aber leider vergeblich.

Die verdorrte Bäume, das Gras braun und einige Vogelknochen auf dem Pfad zum leeren Pool führten zu einer eindrucksvollen Arrangement von Armut, Dürre und Tod.

Ich war fürchterlich müde, und also ich schlug mich in der Koje und nicht lange dachte von den Nachteilen des Bettes (und von der elenden Existenz, die ich muss führen). Ich bin nun gekränkt in meiner Ehre – von einem Bett!

Ich bin geärgert. Wieder einer dieser Hotelzerrspiegel, die einen viel fetter erscheinen, als man ohnehin ist in der Wirklichkeit. Warum machen die Hotels immer wieder so?! Breit wie ein Walross mein Bild: überall Wölbungen und Wellen auf meinem Körper. Ich hasse das.

Eigentlich sollte der Skilift sich »direkt neben dem Hotel« befinden – das war vielleicht einmal vor einigen Jahren. Heute haben Sie einen Shuttlebus zu nehmen. Aber er geht nur einmal pro Stunde und riecht immer nach alter Fritteuse (oder der Fahrer).

Okay, es war in der Tat ein Whirlpool vorhanden, aber er war nicht heiß oder warm, sondern wirklich atemberaubend und eisig kalt. Für Pinguine?

Es war eine drei Meter hohe Mauer mit Stacheldraht um die Anlage herum, die uns zu trennen von der Dritten Welt. Praktikabel, aber wirklich nicht sehr idyllisch, besser wäre gut ausgerüstetes und auch schießfreudiges Wachpersonal.

Es gab nur diese verdammte Energiesparlampe im Raum, so musste man zuerst eine halbe Stunde warten, bis man die eigene Hand sah.

Laut Prospekt sollten wir haben einen offenen Kamin im Appartement. Dann es aber hieß: »Der Schornstein war leider undicht, sodass wir ihn zugemauert.«

Es gab nur einen einzigen Schalter im Zimmer: Für Licht und gleichzeitig einen Deckenventilator, der so schnell war, dass es den Hut vom Kopf fegte. Sie hatten also an dem Abend die Wahl: dunkel und windstill oder Licht mit Hurrikan.

Aus dem Telefonhörer kam nur Musik, und wenn man versuchte zu wählen, den Kanal wechselte es. In Ordnung auf der einen Seite, wenn sie haben einen kreativen Bastler im Hotel, aber es verhindert auch, dass man kann die Rezeption anrufen.

Ich kann nicht glauben, dass sie so rutschige Bettlaken verwenden müssten. Noch nie gehört von Spanntücher, verdammt? Jeden Morgen aufgewacht ich auf einer blanken Matratze – dies war kalt und gab mir unangenehmes Körpergefühl.

Dass es völlig dunkel im Bad ist Vorteil, denn so alle Schmutz perfekt verstecken.

Die Dusche erinnerte mich an das Pfadfinderlager. Die Temperatur variiert circa alle fünf Sekunden den Status: von Verbrühungen bis zu absolut eiskalt.

Von in Ihrem Zimmer könnten Sie hören jedes Gespräch in den Hallen sowie den anderen Zimmern. Nicht gut für Schlafen oder sagen Geheimnisse.

Was ich am meisten gehasst zu diesem war die Toilette. Es sah aus wie die Art, Sie kennen von der Tankstelle – mit gelben Kruste, Hebel und allem anderen. Es war laut, böse und nicht ansprechend.

Das Waschbecken war nicht zu nutzen: Das Abflussrohr war am Ende in der Luft. Auf dem Boden war eine große Porzellanschüssel. Als wir fragten, was das ist, wurde uns gesagt: »Sie zahlen für ein Zimmer ohne Waschbecken. Mit Waschbecken wäre es doppelt so teuer sein. So können Sie bitte ignorieren, Waschbecken in der Ecke, oder ich verlange zu viel?«

Das Interieur wurde von afrikanischen Mustern und Farben dominiert. Wäre besser nur an der Fassade gewesen, meine Augen immer noch trommeln einen Tag nach meinem Aufenthalt.

Badewanne hatte ausländischen Fleck auf dem Wannenboden und lief nicht gut ab.

Erst dachte ich, dass die Wassertemperatur war einfach sehr temperamentvoll. Dann aber Gewissheit, dies sind willkürliche Schwankungen in der Warmwasserversorgung, die mich regelmäßig in den Status eines verbrühten Würstchens verwandeln.

Das Hotel sein ganz ohne Aufzüge. Stellen Sie also sicher, dass Sie mit kräftige Beine haben und Ihr Gepäck schleppen die Treppe selbst hinauf. Wird es Ihnen nämlich auch niemand anderes tragen.

Der Rand der Wanne war bündig mit dem Boden. Irgendwie ich fühlte mich, wie in einer Straßenrinne stehen, wenn ich hatte meine Dusche.

Ich bin kein großer Kenner, aber ich habe erkannt, dass diese Bilder an den Wänden sind keine Originale. Warum mich täuschen und Mona Lisa in meinen Zimmerflur hängen? Lächerlich!

Die Vorhänge an die Fenster waren ein Duschvorhang. Ein Fußabstreifer war an der Wand auf halber Höhe als Dekoration getackert.

Dieser Ort ist der »König der Schmutz«.

Die Lobby swingt wie Hongkong in den Siebzigerjahren.

Der etwa 30 Jahre alte Fernseher hatte nur ein Kanal … in Spanisch … das ich nicht sprechen.

Mitten in der Nacht das Kopfteil sich hat entschieden, auf meinen Kopf zu fallen!

Eine versteckte Tür trennte zwei Zimmer. Das Türschloss war nicht abschließbar – nur mit Farbe dick übermalt, um die Tür geschlossen halten – auch wenn dies Sicherheitsfarbe, das bestimmt nicht kann funktionieren.

Okay, ich von einem Hotelchef an der Costa Brava erwarten keine Abschluss in Kunstgeschichte an der Dekoration seines Hotels zu benutzen, aber diese bunte neue Super-Schrott von einem Möbelhaus ist mehr als ein schlechter Witz. Sprengstoff ist der Schlüssel zu diesem Haus.

Als wir ankamen, war die Decke in der Lobby etwas heftig undicht.

Sie erhalten ein Bett in einem kleinen Raum mit einem alten Esel-TV.

Folie als Spiegel, und die Bettlaken waren im Grunde Tischdecken – eher in Tschetschenien dies zu erwarten als in Washington D.C.!

Betten so hart waren wie Zement und mit einem Krankenhausbettlaken übergeworfen.

Die Badewanne war voll von toten Hautzellen.

Die Zimmer so alt und schmuddelig, es sieht aus wie eines dieser Zimmer in chinesische Geisterfilme.

Ich mit offenem Mund stand. Nach einer halben Stunde hatte ich meine Worte, oder eher nur eine von ihnen, wieder gefunden: Hässlich!

Das Zimmer war wie ein endloses Saxophon-Solo.

Seien Sie sich bewusst, dass die Möbel, Fernsehgeräte, Bettwäsche, Bad und Beleuchtung sind etwa 30 Jahre hinter der Zeit sein. Aber das WiFi funktioniert. Und das Shampoo riecht sehr schön.

Später am Abend war ich schockiert, in auf meine Lampe frei liegenden Leitungen zu fassen, wo der Schalter. Jetzt eine Stange Draht, an der ich verbrenne meine Finger.

Wir mussten wirklich hart an der Tür zu reißen, um es zu schließen.

Das Internet funktionierte nur manchmal, und wenn es tat, war es behäbig und fleckig.

Ich kam wieder in mein Zimmer und bereit sein, mein Gesicht zu waschen, aber das Waschbecken war so verstopft, dass es übergelaufen, bevor ich mir die Zähne zu putzen.

Offenbar jedes Zimmer auf unserer Etage teilten den gleichen Warmwasserheizung, weil jedes Mal, wenn jemand eine Toilette gespült, wurde ich in der Dusche verbrüht.

Es gab Sonnenblumensamen am Fußende meines Bettes, als wir dort ankamen. Wer wollte anlocken Vögel, um zu picken an meine Füße?

Die Queen-Size-Bett hier ist einige Quadratmeter kleiner als mein Queen-Size-Bett zu Hause. Nach einer weiteren Inspektion alle Möbel hier scheint zu sein 20 Prozent kleiner als normal. Ein großes Puppenhaus.

Das Hotel selbst hatte unzureichende Beschilderung und war schwer zu entdecken. Das einzige Schild, auf dem der Name zu finden, war auf dem Briefkasten auf der Seite des Gebäudes angebracht.

Es gibt Flecken und Risse auf der ganzen Decke. Das einzige Hotel, das fast so viel Wasserschaden litt, war die Titanic.

Das Bett roch nach Jahren von Sex und keine Reinigung.

Die Mikrowelle in meinem Zimmer aussieht… weiß ich nicht. Etwas Schlimmes passiert ist.

Ich hatte ein Doppelbett, aber es hatte nur zwei extrem kleine briefmarkengroßen Kissen auf sie: Der Hotelier wollen mir etwas sagen damit? Was zum Teufel?

Der Kühlschrank macht ein Geräusch, wie jemand öffnet die Zimmertür, jedes Mal, wenn es anläuft. Sehr verwirrend und beunruhigend, wenn man versucht zu schlafen.

Es fehlten riesige Stücke von Wand hinter dem Bett. Scheint es, als wenn das Bett war gegen sie gestoßen. Möglicherweise während eines Exorzismus, soweit das Ausmaß des Schadens die Beurteilung gestatten lässt.

Alle Zimmertüren schließen sehr laut, und wenn man schließt, kann man den ganzen Raum schütteln fühlen.

Das Erste, was ich sah, als ich ins Bad ging, war die Pisse-Markierungen auf dem Boden der Toilette mit den lockigen Haaren überall.

Das Handtuch, es fühlte sich an, wie mit Schleifpapier abwischen, und roch nach Pizza, ernsthaft! Ich werde erschaudern jedes Mal.

Der Raum verströmte einen Gestank, der eine Art Kombination von Erbrochenem, Bleichmittel, Fäkalien, Scheidenflüssigkeit und abgestandenem Bier war. Lecker! Ich war eigentlich sehr hungrig von einem Tag auf der Straße bei meiner Ankunft, aber das Gefühl verging schnell.

Die Matratze ist in Kunststoff überzogen, sodass sie sich nicht sorgen um das Fernhalten von Flüssigkeiten.

Der letzte Schrei in Technologie: Alle Zimmer sind mit einem Videorecorder.

Das Fenster in Bad hatte kein Vorhang, und schaute es auf den Parkplatz von einem Supermarkt... also wenn ich öffnete die Fenster im Bad beim Duschen, so waren die Menschen auf Augenhöhe mit meinem nackten Selbst.

Ich bekam kaum Schlaf, weil viel das Bett wackelte bei der kleinsten Verschiebung des Körpergewichts. Wenn mein Mann hustete, es so weit nach unten sank und so schnell, dass ich fiel aus dem Bett.

Das Zimmer war nicht sauber, gab es Zehennägel von einer kompletten Kompanie Soldaten.

Habe ich erwähnt, dass an der Zimmerdecke waren Spiegel? Wenn dir das nicht verraten, welche Art von Hotel es ist, dann bist du so dumm, wie ich war.

Im Ernst habe ich mein T-Shirt über das Kissen gezogen und ich betete, bevor ich verwendete die Handtücher.

Vier-Sterne-Haus mit floraler Bettwäsche? Mein Mann bekommt einen irren Schreikrampf.

Die Hotelbibliothek zeigte, dass selten Literaturfans bleiben hier: etwa 20 Exemplare des Neuen Testaments, ein Angler-Magazin und ein Superman-Comic.

Was war seltsam, aber amüsante Sache war, dass jedes Bild in dem Raum, einschließlich der Spiegel, wurde nach rechts schief. Vielleicht der Handwerker hatte faules Auge oder so etwas?

Es gab Risse und Löcher in den Wänden im Inneren, als hätte jemand durch eine verrückte Droge angeheizt auf eine Reise gegangen.

Der Kühlschrank war auch laut, ein Geräusch wie Taubengurren die ganze Nacht. Aber keine Vögel und keine Eier drin.

Dieser Ort ist privat von einer indischen Familie, sodass die Lobby riecht ein klein bisschen nach Curry. Aber leider die Zimmer riechen sogar sehr stark nach Curry. Ich kann einfach nicht ausrechnen, warum.

Für einen Toilettenbesuch musste ich in die Lobby gehen, weil es war kein Platz auf meiner Zimmertoilette, die zwischen zwei Wänden zu eng platziert. Ich wäre hier stecken geblieben oder nur mit Hexenschuss wieder verlassen den Ort.

Die Heizung war ein Witz: Immer nur ausblasen lauwarmen Luft, wenn sie auf 30 Grad gestellt. Die Luft auch merkwürdig riechen. Gemischung aus Staub, altem Wasser und Öl oder so ähnlich.

Unser Zimmer ausgestattet war mit einer Rolle Toilettenpapier. Als mein Freund fragte an der Rezeption nach mehr, wurde ihm gesagt, jemand würde es auf unser Zimmer zu bringen »sofort«. Zwei Stunden später fragte er wieder, und 15 Minuten später Pyjama-Mann brachte uns zwei halbe Brötchen zur Verwendung? Krank.

Ich war hier im Juni 2013. War sehr zufrieden, bis um zwei Uhr morgens Wasser aus der Decke lief in mein Gesicht.

Das Wasser der Pools war an der Grenze mit schwimmenden Pflastern, Haaren und Taschentüchern auf dem Boden.

Die Treppen fühlten sich wie locker und krumm.

Habe ich erwähnt, dass böse, rostige Hundehütte, voll von Hundekot, vor dem Hotel angebracht war? Ich meldete es an der Rezeption, und sie waren nicht im Geringsten überrascht.

Der Tennisplatz wurde komplett betoniert – was für eine Ignoranz!

Die Zimmer sind nicht so schlecht, doch aber irgendwie schmutzig, wir fanden Käse-Cracker in unserem Bett, und die Handtücher waren gemein.

Der Raum war entblößt von jeglicher Art von Wert.

Die Brandmelder baumelten von der Decke und hatten seltsame braune Flecken (Blut?).

Als ich schließlich plumpste in mein Bett, dieses schoss ruckartig quer durch den Raum, die Rollen waren gut geölt. Meine Frau war in der Lage, diese King-Size-Ladung außer Kontrolle zu stoppen, bevor sie ging durch die Wand.

Das Bett war nicht ganz schlecht, aber die Kissen waren komprimiert zu holzartiger Konsistenz.

Die Wanne und der Duschvorhang waren verschimmelt und ähnelten einer Arbeit von schlechter Volkskunst.

Gab es immerhin die mögliche Nutzung von Fahrrädern, aber schwierig mit den vorhandenen Löchern in den Rädern.

Vieles war in Miniatur. War ich nie Freund von kleine runde Knauf, aber in Paris alle Türe mit so einem runde Knauf zu Drehen – machten mir sehr stark schmerzende Hand: diese kleine verrückte Knauf!

So schlechte Attrappe: Es gab keine Fenster hinter dem Vorhang!

Es ist wahr, dass Sie einen Blick auf das Meer, aber nur, wenn Sie die Zimmer verlassen und hacken die Büsche, um es zu sehen.

Sie empfahlen die ganze Zeit ihren großartigen Golfplatz, aber was mich betrifft: kein Interesse. Ich hätte es vorgezogen, wenn nicht in meine Appartement zu jeder Zeit die Toilette könnte explodieren. Man könnte auch sprechen von einer dunklen Bedrohung.

Es war eine antike Telefonzelle im Keller, so, das ist sie also: der berühmte Raucher-Lounge!

Im Hotel gab es an den Wänden eine Ausstellung von antiken Skiern, aber die Modelle waren Imitationen und schlecht gemachte Scherzartikel. Zum Beispiel gab es Ski und Skistöcke aus Holz! Wirklich überhaupt nicht lustig!

An der Unterseite der Tür war eine zusätzlicher integrierter Lüftungsschlitz, sodass man den Geruch vom Flur im Zimmer genießen kann.

Sollte man dem Management an das Kreuz schlagen? Ich denke nicht. Denn es scheint, hier jemand wollten einen großen Aufwand machen und fast wusste, wie man es tut, aber nicht ganz genug, um es richtig zu tun.

Wir wurden gezeigt einem zweiten Zimmer, die sehr, sehr ähnlich meinem Keller zu Hause und hatte Klumpen von Gras und Schmutz auf dem Boden.

Dann bemerkten wir ein schmutziges, nasses Handtuch unter dem Fenster, wahrscheinlich die Quelle des Geruchs.

Der Grillanlageplatz war völlig verrostet, so hatten man sein Steak mit Rost paniert, aber Eisen soll sehr gesund sein.

Die Toilette gespült, wenn sie es wollte, nicht wenn ich.

Das Zimmer war ein Dreck und ausgestattet mit einem Haustier, einer kleinen Schabe, in der Nähe des Bettes. Ich gab ihm den Namen Rudy. Ernsthaft zu bleiben wäre ein unnötiger Schmerz in meiner Lage.

Musste ich die Toilette spülen dreimal, um den Job zu erledigen.

Unser Nichtraucherzimmer ständig roch nach Katzenurin, auch mit Lufterfrischer.

Raum roch wie seit Tagen nasser Teppich. Bin ich froh, dass wir Utensilien gekauft, um es schön riechen zu machen und alles zu desinfizieren, was wir berühren.

Sitzt eine riesiger grüner Popel auf der Wand neben dem Bett.

Der Fernseher war so klein wie mein Handy.

Es gibt nur zwei klumpige Woolworth-Kissen.

Die Zimmer haben Holzböden, und der Klang prallt von Boden und Wänden wie verrückt. Habe in Ohren immerfort Dröhnen von Rumpelgeräuschen.

Das Waschbecken hat keine Kante, und der Spiegel ist so nah an der Wand, Sie ständig schalten das Licht aus mit dem Ellenbogen, wenn Sie versuchen, Ihre Zähne zu putzen.

Der Kühlschrank funktionierte gut, obwohl er hatte mehrere Schläge von früheren Mietern feindlich aufgenommen. Die Mikrowelle sah wirklich schlecht aus und dauerte 18 Minuten, um einen kleinen Teil Schüssel des gebratenen Reis zu erwärmen.

Sie können nicht besonders viel erkennen in der dunklen Waschraum, aber das heiße Wasser hat viel Druck.

Seifenstücke in verschiedenen Formen: Herzform, Pony, Muschel. Riechen gar nix, sind aber nicht ganz schlechte Qualität. Sicherlich brauchbar – zum Beispiel für Jonglierübungen.

Das Bett war so schlecht, dass es fast unmöglich war zu schlafen, weil die scharfen Federn in der Matratze schnitten buchstäblich meinen Körper in dünne Scheiben von Humanschinken.

Gab es nur giftige Oleanderbüsche überall. Nicht so toll, wenn man ein Allesfresser-Kleinkind hat.

Es gibt Räucherstäbchen, Duftkerzen, Gebetsfahnen überall im Hotel – wohl der Hippie Nr. One dieses Hauses hat zu viele Asienreisen. Immerhin hält er den Mund, aber ich weiß nicht, ob das bedeutet, er ist weise …

Der einzige Computer in der Lobby, den sie haben, ist so langsam, es muss der erste sein, jemals in der Geschichte gebaut worden ist.

Die Lüftung war so schlecht, meine Kleidung und die Bettwäsche auf dem Bett fühlten wie gedämpft die ganze Zeit.

Das Bett war nur noch wenige Tage entfernt von seiner Demontage, und die Matratze fühlte sich an wie ein Loch in der Mitte.

Der Aufzug ist langsam wie die Hölle, und das Innere von diesem Metallkasten roch schrecklich.

Der Whirlpool war im besten Fall lauwarm und hatte Arbeit verweigert: Gab er überhaupt keine Blubberblasen in das Wasser ab.

Fernseher kein Flachbildschirm, sondern sein Vorfahre, Modell 1995: Sitzt klobig auf dem Schreibtisch und sieht er aus, als wäre er durch einen Krieg gegangen.

Der Teppich roch so schlecht, dass es meinem Magen krank gemacht.

Am Strand viele Glasscherben überall, auch am Beach-Volleyball-Feld. Sollte es ein Hotelkomplex für Fakire sein?

Mein Partner buchstäblich aus dem Bett gerollt, als er sich setzte.

Ich kam zurück vom Frühstück und riechen Feuer in der Lobby. Es wurde stärker, als ich ging in den Raum. Ich bekam Einblick in ein Zimmer, das mit Rauch gefüllt. Mitarbeiter kriechen hier auf den Boden. Ich frage, was sei los. Aber alle stumm an mir vorbeikriechen. Kein Alarm überhaupt ging, es war beängstigend.

WC spritzte auf die Füße meinen Mannes.

Animation war Wassergymnastik ohne Musik, dachte ich, es war für die taub und stumm!

Als wir reiten den Aufzug zu unserem Zimmer, wir beide gemerkt, dass der Aufzug war ein wenig auf der schmutzigen Seite.

In der unglaublich staubigen und verschmutzt Lobby gibt es wahrscheinlich mehr Sand auf dem Boden als am ganzen »Strand«. Und Wellen waren gab es in der Lobby auch: Wellen des Gestanks aus der Küche!

Der Tennisplatz ist im Einsatz seit Jahrhunderten.

Aus dem Innenhof kamen verschiedenen Gerüche der Küche an der Wand heraufgeklettert in unser Zimmer.

Einer von uns lehnte sich an den Rand des Pools, plötzlich er findet sich wieder in blauer Farbe. Farbe löst sich auf wegen der Hitze, was passiert häufig, wie uns der Chef sagt, der unseren Freund mit Olivenöl abrieb!

Unbefleckte Empfängnis hat sicherlich nicht stattgefunden auf diesem Bett.

Ein Hotel, das auf zwei Sterne zu sein vorgibt, hat aber auf dem Schild neben Eingang einen Stern – und auch noch von Hand angemalt!

Das Bad hatte eine gebrochenen Auspufftaste.

Es gab nur einen winzigen Fernseher, die kaum sah das Bett.

Die Betten waren sehr knarrende, und jede noch so kleine Bewegung machten sie knarren, und zwei der fünf Kissen waren nutzlos, da sie hart wie Feuersteine.

Laut: In der Nacht scheint es, dass die Autos zwischen dem Bett und dem Nachttisch passieren.

Raumbeispiel 1: Löcher in Zimmertür mit Holz und Papier gefüllt, frei liegende Adern mit Steckdosen, Heizkörper macht Peeling von Luft, Wasserhahn undicht ohne Silikon … und wenn Sie öffnen das Mischpult, in den Händen aller Hahn bleibt.

Sehr wenig Licht: Es war nur eine schwache Glühbirne im Raum, ohne Zweifel war es die erste Glühbirne von Edison aus den frühen Tagen, als der Strom erfunden.

Die Toilette war seltsam: Erst langsam sich füllt und mit ein geringen Rauschen, dann etwa in der Mitte es beschleunigt und machte viel Lärm und füllte schnell.

Die Zimmer verfügen über Zottelteppiche, aquafarbige Badezimmerarmaturen. Und im Grunde sieht jedes Möbelstück aus, wie seit den 50er-Jahren nicht ersetzt.

Der Pool ist eigentlich ein rundes Planschbecken mit einer Tiefe von Knie.

Es gab auch eine extrem offensive WC-Bürste, die absolut ekelhaft und gesundheitsschädlich war!

Die Website war schrecklich schmutzig.

Die Hoteltür nicht funktioniert, so Küchenassistent oder Rezeptionist so lange fummelt, bis es entriegelt.

Die Dusche lieferte nicht mehr als einen schwachen Nebel von oben.

Das Bett hatte jedoch eine Besonderheit: einen Bombentrichter direkt in der Mitte!

Schlenker Kabel überall, ausgefranste Möbel, das Badezimmer ist ein Hühnerstall.

Nach der Sitzung in meinem Wintermantel, Mütze, Stiefel und Handschuhe für drei Stunden merkte ich, dass es keine wirkliche Wärme aus dem Gerät.

Die Dusche schien ein nachträglicher Einfall in diesem Raum. Undichte, wild ausgesetzte Rohre über dem Kopf zeigten das an.

· 004 ·

»BRUTALER KERL GIBT MIR FÜRCHTERLICH GÄNSEHAUT!«

Seine Nachbarn kann man sich nicht aussuchen

Sie sehen schon: Es kann so einiges dazwischenkommen und dafür sorgen, dass wir als Reisende nicht hundertprozentig zufrieden sind, und auch ein klärendes Gespräch hilft da nur selten – man kann ein überschwemmtes Zimmer eben nicht trocken reden. Doch nicht immer, wenn wir uns aufregen, liegt die Verantwortung dafür auch beim Hotelmanagement oder beim Personal. Es gibt noch einen weiteren großen Unsicherheitsfaktor beim Reisen, bei dem auch das umfassendste Reiserücktrittsversicherungspaket der Welt nichts mehr hilft: Nachbarn.

Ob diese sogenannten Mitmenschen schlicht und einfach »nun mal so sind, wie sie sind« oder sich bewusst dafür entscheiden, uns unseren Hotelaufenthalt zur Hölle zu machen – zur Weißglut treiben sie uns so oder so.

Was Sie bei allem Ärger und Verdruss aber niemals vergessen sollten: Diese Menschen sind im Gegensatz zu denen zu Hause nur Ihre Nachbarn auf Zeit – mit der Abreise setzt bereits das Vergessen ein –, außer natürlich, Sie treffen sie in der Therapiesitzung zur Urlaubstrauma-Bewältigung wieder!

Die Menschen im Raum nebenan klangen, als ob sie in unserem Zimmer waren. Wir hörten sie erbrechen, niesen und auf die Toilette gehen.

Unser Hotel war es in der Tat voller Müll, Low-Klasse und betrunkener Schweiß-Party-Hosen.

Wir kamen zu Fuß vom Bahnhof und sahen die Gegend zunehmend schlimmer werden. Ich dachte, wir würden erst kommen durch die schlechte, um dann die gute Gegend zu sehen. Ich habe mich geirrt.

Betrunkener Mann belästigt uns für Zigaretten am ganzen Körper.

Dann kam der Mann »auf der Suche nach Bill«. Er verbrachte etwa eine Stunde kläglich schreiend »Bill« auf der Straße. Als er schließlich erkannte, dass »Bill« nicht war zu finden, hörten wir ein Fenster zerschlagen, und das Schreien gestoppt. Ich denke, der Mann auf der Suche nach Bill gelangweilt von eigenem Geschrei und beschlossen, sich irgendwo selbst einzulassen.

Sehr dünne Wände, kein guter Ort für eine Hochzeitsreise … doch unsere Nachbaren nutzen dies viel und lieferten uns eine extra Show bis in den Morgen.

Die Zimmer sind direkt an einer sehr belebten Straße. Nicht nur von Autos belebt, sondern auch von Mäzenen der nahe gelegenen Bars, die nicht ganz nüchtern sind und daher sehr laut.

Die hochgezogenen Augenbrauen von dem Taxifahrer, der mich zu dem Hotel brachte, gab mir einen Hinweis: War nicht alles gut.

Der Flur hatte ein Gestank von abgestandenem Altenheim mit Urin und Trauer darübergemischt. Ich denke, die Geister der früheren verärgerten Reisende frequentieren es immer noch.

Ich wurde wach fast die ganze Nacht durch eine Gruppe junge Mädchen, die in der Nähe machten Lärm. Als ich beschwerte, der Mann an der Rezeption wollte anrufen sie zu fragen, ob ich kann mitmachen?

Wie andere habe ich auch das Gefühl, dass der Geruch ein wenig stark war, aber wenn man bedenkt, dass jede Etage eine eigene Küche hat, die von langfristigen Bewohnern regelmäßig verwendet, denke ich, dass Gerüche Teil der Erfahrung sind.

Wartete in Halle für Anmeldung, als ein sehr seltsamer Drogenabhängiger mit seinem Sohn versuchte, einige alte Fernbedienungen für Autos zu verkaufen!

Das Hotel war gruselig, es gab solche Leute herumlungern auf dem Parkplatz. Im Zimmer häuften ich so viele Möbel und Gepäck, ich konnte, vor die Tür und musste Handys immer griffbereit, weil ich überhaupt kein Gefühl von Sicherheit.

Menschen in der Lobby offensichtlich nicht von unserem Planeten, aber mit Drogen Lift fahren rauf und nie wieder runter.

Das Zimmer hat unbezahlbaren Blick auf den Plexiglasdach des Einkaufszentrums.

Hotel ist weit entfernt von Spaß.

Jeden Tag abgehangene Steaks gab es, aber lagen sie leider nicht auf meinem Teller, sondern überall um den ganzen Pool herum.

Es gab einige sehr verdächtige Menschen, die wandern rund um das Hotel.

Es war ekelhaft. Ich konnte da nicht schlafen die ganze Nacht, weil alles, was ich hörte, an den Wänden kratzte. Ich ging nach draußen und weinte. Aber während ich draußen eine Zigarette rauchte, ein Mädchen warnte mich über Männer, die zum Hotel kommen und Mädchen in ihr Auto zerren für eine Flötenpfeife. Ich war schockiert. Ich habe sogar konfrontiert die Empfangsdame über sie, und sie überhaupt nichts getan. Vielleicht sie selbst Flötenpfeife?

Der einzige positive Aspekt an diesem Hotel ist: Liegt es nah an Bahnhof und macht so schnelle Evakuierung möglich.

Wenn Sie ein Sound-Designer sind, dies der richtige Ort ist, um echte menschliche Geräusche der Nacht zu haben.

Gibt es eine Diskothek im Erdgeschoss, und extrem laute Musik schlug sich durch den Boden, dass ich bis fünf Uhr morgens mit Bass im Kopf wach.

Leider gab es viele Hunde in Zimmer 810, ich bin nicht sicher, ob sie sich mochten.

Die Straße ist am Hotel und sehr laut. Eine Nacht wir schreckliche Schreie hörten von einer Frau, als ob sie getötet wurde. Dies dauerte etwa 30 Minuten, dann haben wir ihren Freund oder Ehemann sie zu trösten auf Englisch gehört. Wahrscheinlich hat sie verirrt, und das ist eine schlechte Gegend, um zu verirren. Auch sahen wir einen Mann wichsen im hellen Tageslicht ein paarmal. Muss einer der Stadtidioten sein.

Es gab eine Pfanne, in der ein dummer Junge verbrannte seinen täglichen Körnerbrei und löste den Feueralarm aus. Die verrußte Küche war unbrauchbar für alle Tage.

Eine Lady von dem Hostel gegenüber kam zu sehen, was das Geschrei sollte. Nachdem sie die Beschuldigungen und wechselnden Geschichten gehört, ihr Kommentar war: »Ah, dieser Ort ist wie ›Der Glatzkopf und die Schönheit‹ – so viele Dramen jede Nacht.«

»Manoli! Manoliiiii!«, schreit den ganzen Tag eine Frau aus dem Raum nebenan in Hof. Doch nie geantwortet jemand mit diesem Namen. Dieser »Manoli« muss eine Obsession sein. Oder sie war verrückt. Jedenfalls vollständig ärgerte ich mich, dass kein Mitarbeiter sich verantwortete, den Schreihals zum Schweigen zu bringen.

Die Lage ist ziemlich zentral, obwohl, wie andere Kritiker gesagt haben, es gibt viele Sexshops und Strip-Clubs in der Nähe. Und ist es eine Straße von der Haupteinkaufsstraße mit H&M und so weiter, also diese auch nicht besser.

Die Zimmer sind klein, keine Klimaanlage, und durch die offenen Fenster man hört die Sirenen und Hörner von einer Feuerwache die ganze Nacht. Ein Hotel in diesem Ort: Wirklich ein crazy shit Idee!

Vorteile: Das Hotel hat eine gute zentrale Lage am Bahnhof. Nachteile: Alles andere.

Auf der anderen Seite der dünnen Wände können Sie die echte Aufregung mit einem verheerenden Ausflug in Ihre Nachbarschaft fühlen.

Sie haben auch die Anwesenheit eines Voyeurs, der hinter dem Vorhang masturbiert in den Zimmer 9, 10 und 11.

Höllisch laute Musik die ganze Nacht lang. Mein Tipp für den Hotelboss: Fucking Technoidioten sperren in einen Bus, Türen schließen und dann ins Meer mit dem Bus und dem Inhalt!

Auf meinem Weg zurück zum Zimmer hatte ich das Pech, die Tür zum Nachbarzimmer stand offen. Zwei Männer waren im Raum mit meiner Nachbarin, beide auf dem Bett zusammen mit Erektionen und verschiedenen Sexspielzeugen verstreut auf dem Boden. Sie sah mich an, unbeeindruckt, und schloss nicht einmal die Tür. Ich habe kein Problem mit Promiskuität, aber halten Sie es hinter verschlossenen Türen!

Ich dachte, das Paar im Zimmer nebenan sieht aus wie ein Paar Schweine. Und tatsächlich waren es Schweine … Schweine in ein Hotelzimmer!

Das Bad für Frauen auf meiner Etage wurde leider gemeinschaftlich genutzt. Ich ging an meinem ersten Morgen, um eine Dusche zu nehmen, und es waren ein Mann und eine Frau stehen und angekleidet unter einer der Duschen, als ich dort ankam.

Leider Schlafen zwischen den Stunden von drei Uhr bis vier Uhr ist absolut unmöglich, da Lärm der Diskothek im selben Gebäude. Wenn Sie irgendwelche Gedanken an Schlaf haben, vermeiden Sie dieses Höllenloch auf jeden Fall! Um präzise zu sein: Schwappt die Menschenmenge aus dem Nachtclub auf die Straße, und rund 100 oder mehr Menschen schreien und singen Trinklieder. Stellen Sie sich vor, Silvester ist unbedingt an jedem Abend der Woche, an jedem Wochentag und am Wochenende. Wenn Sie jedoch taub sind, empfehle ich das Hotel sehr gut.

Eine Nacht darauf ging ich auf die Toilette, und es war ein tätowierter Kerl, der fast nackt in der Mädchendusche schlief und dabei in einem schnellen Rhythmus grunzte.

Die in Aussicht gestellte »grüne Blick« auf die Stadt fiel durch metallgegrillte Fenster im Erdgeschoss auf einer Gasse, wo wir zuhören konnten, wie sich Betrunkene stritten und sich ihre Krankheiten erzählten.

Eigentlich habe ich nichts gegen andere Menschen – ich denke, ich mag Menschen um mich herum sehr gerne. Aber ich will nicht ihre Haare, ihre Ausdünstungen, ihren Geruch, Müll oder Flecken finden in einem Hotelzimmer, das mich immerhin 200 Dollar kostet. Solche Hotelzimmer machen mich hassen andere Menschen – obwohl ich diese nie gesehen. Schade.

Es wurde mir versichert, dass dies ein Einzelzimmer, würden die drei zusätzlichen Betten also ungenutzt. Als ich zurück nach einer Wanderung am zweiten Tag, auf jedem Bett lag ein junger Kerl und fanden alles ziemlich gut. Neben meine Zahnbürste hatten sich drei weitere aufgestellt. Ich sollte nur noch Hälfte zahlen. Ich zog sofort aus.

Dass es gibt viele geistig weniger gut ausgestattete Menschen in der Welt, das ist bekannt. Aber warum sie ALLE in das Zimmer neben mir leben und feiern ihre Einschulung in einer Sonderschule oder was auch immer?

Wussten Sie auch, dass es gibt sieben Weltwunder der Gerüche? Unter mir hat eine Familie mit einer dicken Wolke aus Schweiß umgebend eröffnet neue Horizonte in Bezug auf Folter meiner Nase der peinlichsten Art. Die Nasenlöcher voller unsagbarem Material konnte nicht riechen schlimmer.

Er pfeift den Tag das gleiche Lied von einem Werbesong, dann lacht er wieder taumelnd, wie ein Irrer, und sehr laut beten alle drei Stunden um Satan, er solle doch bitte anrufen. Dies wiederholte er mehrmals mit seiner Handynummer. Hallo, dies ist ein Hotel oder ein Wahnsinnigentreffpunkt?

Es war sehr ruhig dort. Ich nehme an, meine Nachbarn waren tot oder gibt es keine mehr Nachbarn. Aber das Zimmer war sehr billig, und so werde ich nicht über die gespenstische Geruch um sie zu beschweren. Ist vielleicht besser, nicht meckern!

Das Zimmer etwas halb obszön! Dreckig und voller Staub, mit Resten der Mahlzeit von McDonald's der Person, die mir im Wohnzimmer vorausgegangen war. Danke, Nachbar!

Vom Gehör aus der dünnen Wand: Keine Nonne nebenan!

Die Wände sind dünn, dass Sie die amourösen Töne von nebenan hören.

Das Bett ist so alt wie der Rest, und die Federn quietschen so sehr, dass ich nicht schlafen konnte. Die Wände sind Gipskarton, und man kann nichts dafür, dass die Nachbarn alles hören. Haben sie sich beschwert, ich würde quietschen zu laut!

Ein Affe Horde stürmte das Frühstücksbuffet auf der Terrasse, erzählte uns das Personal, es kann nichts tun, weil die Art bedroht ist, ich denke, dass eher bedroht unser Frühstück!

Weil ich gefragt, wo Animationsprogramm, er lacht und sagt: Gehen Sie in das Zimmer nebenan, wird dieser Mann Sie zu unterhalten, bis Sie nicht mehr können! Sie werden es lieben!

Ein Hotel voll von Idioten. Ich lieber in der Krokodilfarm schlafen würde und mit all den andere Krokodilen am nächsten Tag dieses Loch voll von Kretins einen Besuch machen!

Eine Reisegruppe fetter Amerikaner lacht sehr laut in der Lobby. Alle haben viel Spaß – aber leider ist es 6.30 Uhr in der Früh. Ein dicker Mann, offensichtlich die »Nummer eins« unter den Narren, lacht wie ein Maschinengewehr. Ich wünschte, ich könnte in meiner Jacke so eine haben, um Frieden sofort wiederherzustellen.

Ich habe noch nie so eine seltsame Angewohnheit von Essen gesehen: Der Junge legte seine Brote in Papiertüten, die er aus seiner Jacke kramte. Dann aß er aus der Tüte, sein Gesicht tief reinsteckend, sehr hektisch schnappend und schlucken sogar Papier. Das Knistern und Rascheln war sehr beunruhigend für alle. Ich nicht der einzige Hotelgast, der sich angewidert ging.

Eines Tages wird es auf diesem Planeten nur ältere Menschen geben. Wenn Sie wollen wissen unbedingt, wie es sein wird: Dieses Hotel buchen!

Drei Mal in der Nacht klopfte an meine Tür explosionsartig. Jedes Mal ich bin erschrocken und fragte, wer da war. Ich denke, verrückte Mitbewohner mit verspäteter Halloween-Streifzug-Genehmigung schleichen durch das Hotel und hatten eine Menge Spaß.

Wie soll ich es Ihnen zu sagen: Die Leute, die zum selben Zeitpunkt hier waren, waren schlicht. Nicht meine Klasse! Keine Idee von Eleganz und Geist, wie es hätte sein sollen.

»Hey, Hombre. Bring neue Handtücher und mach die Klimaanlage funktionieren«, befahl mir ein Hawaiihemd-Träger auf dem Flur. Er klopfen mir die Schulter, legen einen 5-Dollar-Schein in meiner Brusttasche und drehte sich lachend.

Nachbar sieht für die ganze Woche sehr laut Porn jede Nacht, und also schreit er und gibt Beifall für aufzumuntern die Schauspieler in seinem Werk. Was für eine Krankheit!

»Am Ende alle zahlen für ihre Sünden. Und die größten Übeltäter in der Hotelbranche sind Sie! Es sollten alle Türen des Hauses für immer versperrt werden, und Sie alle verrotten in diesem Haus in Ihren stinky Zimmern!« Der angewiderte Reisenden hätte mir eine Warnung sein müssen. Aber ich checkte ein, als er die Lobby gerade verlassen. Der Concierge lachte und schien unbeeindruckt, dass er gerade verflucht worden ist.

In der hoteleigenen Evakuierung leider wurde schnell klar, dass die andere Gäste sind völlig ungehobelt und rücksichtslose Zeitgenossen, die sich drängeln an mich im Treppenhaus wie heiße Molche. Szene wie Titanic-Untergang – nur ohne Wasser. Dafür Feuer und Rauch.

Es muss ein sehr gut gelaunter Kerl im anderen Zimmer wohnen – er rund um die Uhr pfeift. Keine Lieder, nur stehende Töne. Und das sehr laut, klingt schrecklich. Während ich dies schreibe, meine Frau ruft bereits bei der Rezeption.

Ich konnte nicht glauben, dass ein Mensch seiner Hochzeit in diesem Hotel feiern möchte, sodass ich habe geschaut in den Partyraum: Sie sind Zombies!

In der Minibar gefunden: eine fremde Socke, aber immerhin eine kalte fremde Socke!

Er öffnete die Zimmertür nur kurz, aber es ist ein trauriges Wunder, welche sensationellen Düfte des Schweißes dort aufkommen. Ein wahres Feuerwerk des bunten Gestank für Ihr Riechorgan!

Der Mann missbrauchte seine Katze und dachte, es war lustig, er geht sie mit einer Leine und werfen sie immer in den Pool. Schlechte Menschen sind unerträglich. Ich hoffe, er wird für immer in der Hölle mit glühenden Ketten um seinen Hals bestraft werden.

Ich wohnte in einem Zimmer im 19. Stock. Und einige Mitbewohner hier oben wirkten, als hätten sie schon in den 50er-Jahren hier eingecheckt und nie wieder verlassen diesen Hotelflur. Und ich meine die 1850er-Jahre!

Die rasselnde Klimaanlage war nicht so laut wie das Hundbellen vom anderen Zimmer. Zusammen aber eine schreckliche Mischung »Nachtmusik«. Und kleine Rauchwolken von Zigaretten drangen wiederholt unter dem Türspalt in uns ein.

Die nächsten Nachbarn waren dann eine Reihe von unmoralischen und unhöflichen erster Ordnung. Musik dröhnt von morgens bis abends, und Schreien wird fortgesetzt. Leute, die jede Stunde gackern! Wir durften nicht einmal eine Minute ruhen. Türen gehalten zuschlagen während der Nacht.

Ich habe viel erlebt, aber nie so einen Lärm wie von diesem Haufen von Spielkarten in dem Zimmer über uns.

Bei der Ankunft sehe ich aus dem Busfenster und sah drei völlig betrunkene Kerle, die vergnügten im Hotelgarten eine Sexpuppe, nicht zu meinem Vergnügen natürlich!

Es ist bekannt, dass die Franzosen wirklich alles essen. Aber die Wanzen in meinem Zimmer hat mein Vorgänger Monsieur Gourmet leider für meinen Genuss gelassen. Merci!

Die Gäste neben uns zeigten uns ihre Feuerwaffen über den Balkon und lachten ... was meinen Sohn sehr beeindruckt . So sehr, dass er sofort seine Shorts nass gemacht ...

Früh am Morgen treffe ich im Flur auf einen jungen Kerl. Er ist nur in der Bekleidung eine weiße Unterhose und eine Breschnew-Mütze. Wahrscheinlich aus Moschusochsenwolle – die Mütze. Er sprach nichts. Ich fragte auch nichts, sondern schaute lieber schnell auf den Boden.

In Zimmer über mir wohnte ein Mann, der offenbar mit holländischen Holzschuhen stapfte von einer Ecke des Zimmers zur anderen – immer wieder. Er konnte nicht gehen normalerweise, vielmehr immer zuerst mit der Ferse auftreten. Ich habe eine solche Wut aufkommen, dass mein Kopf fast platzt von der Spannung.

Laute Rowdy-Menschen mit Zuschlagen von Türen und kreischende Kinder nach Mitternacht rennen durch die Hallen wie Wildpferd-Stampede. Nach zwei Uhr immer noch kein Ende, ich mir wünsche Explosionsminen im Flur, die sie alle in die Luft fetzen oder mindestens die Beine abtrennen. Dann wenigstens kein Rumgelaufe mehr …

Ich war schockiert, als es an die Wand hämmerte mitten in der Nacht! »»Ruhe da drüben, zu Hause weiterbumsen. Hört auf!« Ich aber war ganz allein im Zimmer und schlief dann sehr schwierig wieder ein. Ein schönes Bumsen hätte jetzt wohl geholfen, wieder einzuschlafen.

Ich wollte wirklich nicht glauben, aber der betrunkene Idiot aus dem Flugzeug, der immer »Urlaub, Urlaub, Urlaub!« schrie, wohnt im Zimmer neben mir!

Am Strand waren leider Einheimische, die absichtlich uns mit ihren im Sand gebohrten Angeln ärgerten und zwangen uns ständig, Umwege zu laufen. Ich habe nicht gesehen, dass einer von diesen Männern gefangen genommen einen einzig Fisch. Sie taten es wirklich nur aus Neid auf unseren Reichtum oder so.

Es lebte ein netter Mann mit Brille nebenan, der nicht aussah wie ein Tartare. Nicht nur am Tag er streckte und reckte seinen Körper, vor allem nachts immer er ließ seine Knochen knacken, weiß ich nicht, ob Finger, Hände, Arme, Rücken, und weiß ich auch nicht, ob das immer alle seine eigenen Knochen …

Um 03.45 Uhr meine Tür öffnete sich mit nur einem Schlag zu drei asiatischen Kollegen, die mit einem Schraubenzieher (!) bewaffnet mein WC offenbar inspizieren wollen.

Die Wände waren so dünn, dass um ein Uhr nachts, als ich hörte das Paar nebenan Sex haben, ich unter dem Bett schauen musste, um zu überprüfen, dass sie waren nicht im selben Raum wie ich. Ich war auch begeistert, die Dame ihr Haar um sechs Uhr morgens trocknen zu hören. Es war so laut, als ob ich den Trockner hätte über meinem eigenen Kopf.

Herzliche Gruß von dem Kollegen: Gefunden gebrauchten Kondome in der Schublade.

Als Gast wird man Schritte von oben hören, Stimmen von links und rechts und oben und unten wird man auch hören. Aber man wird niemand hören, wenn man ruft das Lobby-Telefon, um zu fragen nach einem Zimmerwechsel.

So, hier sind wir jetzt ohne Schusswaffen oder Mittel, um uns zu verteidigen, während jemand klopft an die Tür wie ein Verrückter. Schlaf gut!

Aufwachen mit »Nimm mich härter« war nicht ganz der Weckruf, den ich erwartet hatte.

Der Sound der hämmernden Musik und Menschenschreien waren so laut, dass ich nicht schlafen konnte. Schließlich musste ich die »Weißes Rauschen«-Sound-Maschinen-Anwendung auf meinem Computer starten, um etwas Ruhe zu bekommen.

Durch die Wand des Raumes hörte ich eine Frau die ganze Zeit telefonieren mit ihrem Anwalt. Sie schrie sehr laut und schrill und schien bereit für eine wichtige Sache. Wahrscheinlich »Nürnberger Prozesse, Teil II« – oder so ähnlich.

Diese Zähne von den Bewohner neben uns erinnern mich an etwas, ich weiß nicht was, aber es ist nicht gut.

Leider ein armer Teufel von Hotelgast hatte während meines Aufenthaltes eine Art psychotischen Durchhänger: Er rannte die ganze Nacht auf und ab die Gänge und versucht, in die andere Zimmer zu brechen.

Kein Spaß. Der Kerl, der mit in den dritten Stock hochfuhr, riet mir, mich in meinem Zimmer einzuschließen. »Denn manchmal wache ich nachts auf und erkenne nicht einmal mehr mein selbst – dann besser Sie mich auch nicht erkennen.«

Wir hatten auch das Pech, ein Zimmer über dem Konferenzraum zu haben, wo es eine religiöse Gruppe gab, die gemeinsam gesungen und mit lautem Verstärker von sechs bis etwa elf Uhr nachts gebetet.

Ich weiß nicht, warum eine interessante ethnische Gruppe von Menschen mit ungeraden Kopfbedeckungen und bunten Farben in einem Schwarm ins Hotel kommen musste, sodass die ganze Deponie ist laut und unerträglich, aber verdammt, warum nicht einen anderen Ort zum Feiern gesucht!

Einer der Menschen, die dort arbeiten und auch wohnen, klopfte an die Tür und bat um Geld, um Nadeln zu kaufen. Bei der Frage nach den Nadeln erklärte er, dass er Diabetiker war. lol, natürlich er wurde angezweifelt.

Ich glaube, ich habe ein paar Leute in der Lobby gesehen, aber ich bin nicht sicher, ob sie waren eigentlich Homo sapiens. Ich habe gehört Grunzen.

Höhepunkte? Vielleicht am Strand. Hier treffen Sie auf viele rote Menschen, die E-Mail über Sonnenvergiftung offenbar nicht bekommen haben.

Ich habe keine Schlangen oder Spinnen, nur Anzeichen von Nutten gesehen. Schlimm genug.

Nach Angaben der Nachbarn war ein Stockwerk ständig als Standort für einen Pornodreh eingesetzt. Deshalb also der verstärkte Lärm von Schmusen.

Versetzen Sie sich in mein Leidwesen, wie ich durch die Lobby will und mich durch ein Meer von Studenten in den Semesterferien quäle. Unmöglich, einen Aufzug zu bekommen, weil die Horden von Dummköpfen nicht bemerkt, dass ich stehe mit meinem Gepäck. Alle schoben ihren Weg an mir vorbei und drängeln in die Aufzug, als die Türen geöffnet. Als wäre ich aus der Luft!

Hotel ist sehr übergefüllt an den Wochenenden. Reisebusse hier werfen Menschen aus an allen Stunden des Tages und der Nacht.

Sie feierten Abschied von den Junggesellinnen mit allem Drum und Dran – spitzenmäßig!

Er hatte eine lange Zunge fast wie ein Leguan, und es war sofort offenbar, dass nur in seinem Zimmer keine Fliegen.

Ich vermute, er hat vorher nie sein Heimatdorf und sein Haus verlassen und ist hier als Hochwasseropfer. Leider hat er auch nur sehr fraglich buntfleckige Jogginghose und ein stinkigen T-Shirt zu tragen.

Man merkt sofort, dass etwas sehr Grundlegendes falsch ist mit diesem Mann, der hier lebt für immer. Es könnte sein, dass seine Psychologie viel erklärt. Aber ich kann wiederholen nur: Man merkt sofort, dass etwas sehr Grundlegendes falsch ist mit diesem Mann, der hier lebt für immer. Sie werden 100 Prozent denken noch an meine Worte!

Was den Deal für mich wirklich schlecht machte, aber war ein verrückter Kerl, der an der Spitze seiner Lunge geschrien hat für über eine Stunde und spricht in einer gewissen abgefahren Sprache.

Es ist nicht überall erwähnt, dass die Arbeiter sind an der Fassade, so ist das Hotel vor allem schwer zu finden, weil bedeckt von Gerüsten. Ist man einmal drinnen, die Fenster nicht geöffnet werden können, oder man wird überschwemmt von eine Tonne Schutt und Staub. Die kurze Zeit, die wir im Zimmer verbracht, hatte das Hintergrundrauschen von Bohrern und Kellen.

Jeden Morgen und Abend eine Gruppe von älteren Frauen, die zusammen reist, versammeln sich in Raum vor meinem Zimmer und sprechen eher laut, um meinen Hund zu stören.

Um 22 Uhr im Obergeschoss schien es, als ob eine Art indianischer Regentanz geht los mit all den stampfenden und herumlaufenden People.

Die einzige andere Person in diesem gesamten riesigen Gebäude war der kleine mexikanische Mann an der Theke. Nachts er trank sicherlich Tequila, damit er alles vergessen, und putzte sein Ding.

Es war keine erfreuliche Woche mit Rotz-Mann: Er putzte sich die Nase die ganze Nacht, so fragte ich mich: Was bläst er immer in sein Taschentuch: den Inhalt seines ganzen Kopf? Warum? Verurteilt er vielleicht seine schlechten Gedanken und er will sie loswerden?

Zuerst erschrecken: Ich eine wahrhafte Indianer oder besser eine Rothaut sah, dann ich beruhigte: Kam sie gerade von der heißen Dusche.

Sie waren eine Gruppe von zwölf Männern im Alter von 50, und sie waren gekommen, um »Spaß zu haben«. Zumindest ist das, was sie alle haben gesagt. Die Schreie aus ihrem Zimmer ich werde nicht kommentieren.

Zur Abrundung war dieser alte Mann über den Flur, der späht durch sein Fenster und kommt aus seinem Zimmer, um uns anzustarren. Er schien wie der typische Perverse, der in Hotels bleibt – kahl, alt, weiß, Frauenschläger. Gruselig.

Kürzlich ich feierte meinen 40. Geburtstag, und ich beschloss, mich in den nächsten 40 Jahren nicht mehr unnötig ärgern zu lassen von einer Person. Großes Pech leider für mein Nachbar und sein lautes TV. Ich gehe jetzt rüber.

Mitten in der Nacht klopfte es an meine Tür, und eine Frau mit wenig Kleidung auf dem Körper möchte in mein Zimmer. Nicht, weil sie Kleidung kaufen will, sicherlich. Ich schicke sie fort. Zehn Minuten später wieder Klopfen: andere Frau. Ich: Nein, danke. Endlich eine Weile ich schlafe. Klopfen und eine junger Typ mit Unterhosen. Ich sage noch mal nein, ich will schlafen! Was kommt jetzt? Ein Tier? Welcher?

Top-3-Liste mit Nationen, die nicht im Zimmer neben mir ich haben möchte: 1. Amerikaner, 2. Amerikaner, 3. Amerikaner.

Machen wir uns nichts vor, es gibt zwar leider Idioten, aber die meisten Menschen sind in Ordnung. Unglücklicherweise von der zweiten Sorte niemand war hier.

Dieses Vier-Sterne-Hotel wurde überfüllt mit wohlbetuchten alten Männern und alten Schabracken. So wahr: Ganz Europa ist die Heimat für ältere Menschen. Überall nur »Geriatric Park«, wo Sie auch dort unterkommen! Am Morgen alte Säcke Kaffee schlucken zu sehen und hören, ist kein Feiertagsfreude. Suchen Sie besser junge Länder als Ziele, wo Sie von anmutigen, vitalen Menschen umgeben.

Im Dunkeln sitzen zwei Jungs auf dem angrenzenden Balkon und aßen Brot, Käse und Oliven. Ihre Mitternachtspicknick rustikal musste leider bis vier Uhr früh gehen. Auch sprachen sie die ganze Zeit zusammen, wenn nicht gekaut oder nippten Wein. Im Morgengrauen zogen sie sich in ihr Zimmer. Wahrscheinlich Vampire mit Blutallergie.

Eine sehr laute Reisegruppe von spanischen Rentnern hatte sich einen Witz daraus gemacht, im Frühstücksraum gekochte Eier über die Tische zu werfen. Sie wirkten wie freche Lausbuben und junge Hündinnen, vor allem natürlich, wenn ein Ei nicht fangende Hände gefunden. Ein bizarres Schauspiel, das Frühstück.

Eingang und Lobby sind heruntergekommen, billig und deprimierend beim Anschauen. Das Seltsamste: Es gibt Tonnen von Menschen, die hier zu jeder Stunde herumhängen, die Taxis anhalten und die billige Zigaretten rauchen. Man will hier nicht rein- und rausgehen, ohne in große Angst zu geraten.

Er tat so, als er wäre ein dementer Texaner, aber er ist sicherlich ein Abhörspezialist von NSA und will unsere Geräusche belauschen.

Traurig: Ein ungehobelter Brutaler durchprügelt seine Familie und hört dazu in ihrem Zimmer Opernarien in großer Lautstärke!

Heilige Scheiße – das Hotel beherbergte Nutten, Crack-Köpfe und seltsame Mengen von Zufalls-Arsch-Personen.

Ich war im falschen Zimmer einquartiert gewesen, also klopfte ich das Zimmer nebenan und fragte, ob sie etwas dagegen, zu tauschen. Leider die Damen dort sagten Ja, und es gab eine süßsaure Duftmischung wie in einem Bordell für eine ganze Woche.

Ich hätte den Mann übersehen sollen, der masturbiert an seinem Fenster gegenüber, und man könnte sagen, da kann das Hotel doch nichts dafür. Aber: Wenn sie ihre Klima propper laufen lassen würden, ich hätte niemals den Zwang, an das Fenster zu gehen und es zu öffnen, um nicht Erstickungstod.

Am ersten Morgen dachte ich, hat er aus Versehen den Frosch aus seinem Badezimmer geschluckt, weil etwa er für eine Stunde gurgelte. Aber er tat dies dann mittags, abends und auch an allen folgenden Tagen wieder. Müsste er eine Frosch-Zuchtstation haben, wenn dies wirklich der Grund wäre.

Leider in dieser Nacht gab es jemand mit einer Hochzeitsgesellschaft, und damit es die schreckliche Erfahrung perfekt macht, ich bekomme absolut keinen Schlaf überhaupt, und fast alle Gäste verhalten sich, als wäre Hochzeitsnacht ihre eigene.

Die mexikanischen Drogenhändler schlagen an meine Tür um drei Uhr morgens schreiend in Spanisch. Kalifornien eigentlich ist mir egal, denn dieser Staat ist voll von liberalen Arschlöchern. Aber mit meiner Frau und den Kindern im Raum musste ich reagieren. Ich schnappte mir mein sechs Zoll Klinge Tauchermesser und riss die Tür auf und schrie: »Was zum Teufel wollen Sie?« Sehr überrascht sie waren, als sie erkennen, dass sie an der falschen Adresse waren. In Spanisch entschuldigten sie sich und gingen durch den Flur, wie nichts passiert sei.

Beim Eintritt in den Gefrierraum wandte ich mich zur Heizung, aber aufgefallen, es war ungläubig laut. Um den Fernseher zu hören, musste ich so aufdrehen, bin ich sicher, dass es alle möglichen Nachbarländer gestört haben muss.

Das Zimmer über uns muss ein Wrestling-Ring spät in der Nacht benutzt haben.

Ich mag keine Rothaarigen: Die Frauen sind Hexen, und die Männer sehen aus wie hellblutige Kotprobe. Leider bin ich jetzt bedauerlich in einem Hotel mit einer irischen Reisegruppe und so umgeben von Feuerköpfen der stumpfsten Art, und somit mein ganzer Urlaub wird eine Therapie in Zurückhaltung.

Es gibt eine Person, die lebt (wir fanden dann heraus, dauerhaft) in dem Raum links oben, und sie muss an Schlaflosigkeit leiden, da sie gesaugt und gereinigt die ganze Nacht an dem sehr quietschenden Boden. Außerdem machte auch eine Menge Lärm mit Öffnen und Schließen von Schubladen und Dinge fallen lassen und umräumen.

Erstens sollten sie ein Verbot für die Boote der Anwohner erlassen. Machen diese nur Lärm und Wellen, beides sowohl niemand braucht – und Anwohner braucht man eigentlich noch weniger.

Fatty schien zum Explodieren vollgepumpt, aber sicherlich nicht mit guten Schwingungen.

Es war ein Hahn, der zu allen Stunden des Tages und der Nacht krähte!

Gab es dort eine Frau mit vielen Freunden, die immer gestikuliert – wie ich später verstand, war es eine allerdings lustige Truppe von Menschen, die nicht hören und noch weniger reden können oder wollen.

Dieser Kerl war lauter als eine Bande von Kindern und Hunden. Und gibt es etwas lauter als Kinder und Hunde? Nein. Ich würde ihn einladen, mit mir nach Ibiza zu kommen. Dort gehen wir in die größte Disco, und ich binde ihn an den Bass-Lautsprecher und drehe die Musik auf … Sehr, sehr laut.

· 005 ·
»WIR DANKBAR, DIESEM ORT IN EINEM STÜCK ZU ENTKOMMEN.«
Abschied aus dem Irrenhaus

Leider bleibt nicht immer genug Zeit, die Hotelbuchung mit der nötigen Sorgfalt vorzunehmen: Das Flugzeug musste zwischenlanden, und Ihnen wurde das einzige noch freie Hotelzimmer zugeteilt? Sie waren mit dem Zug oder dem Auto unterwegs und sind nun zu krank, um weiterzufahren? (Aber, wie sich dann herausstellt, leider noch nicht krank genug für ein schnuckeliges Krankenhauszimmer?) Ein Schneesturm oder ein ähnlich bedrohliches Naturereignis überraschte Sie auf der Durchreise, und nun sitzen Sie dort fest?

Tja, dann hilft alles nichts. Es bleibt Ihnen nichts anderes übrig, als den Aufenthalt zu überstehen, frei nach dem Motto: »Augen zu und durch!«

Ich verbrachte die schmutzigste Nacht meines Lebens in diesem Hotel mit meinem Freund.

Wir wurden von einer Dame mit »Tee oder Kaffee« begrüßt, und dann wanderte sie aus.

Ich werde verbringen ein Wochenende damit, Nadeln in meine Augen zu stechen – das macht mehr Spaß, als noch mehr Nacht in diesem erniedrigenden Hotel zu bleiben!

Das Frühstück war eine weitere Schlacht … auch außerhalb der Saison gibt es nicht genug Platz für die Gäste, sich hinzusetzen und zu essen, und einige wurden stehen gelassen.

Insgesamt vier Tage, die wir dort verbrachten: sicherlich ein Guinness-Rekord in mutwillige Masochismus!

Ich hatte nicht viel erwartet – ich wurde nicht enttäuscht.

Möchten Sie Ihren Urlaub erwürgen? Gehen Sie dort hin!

Ich habe auf der ganzen Welt gewesen, und ich kann zugeben, dass dies der schmutzige Mist, den ich je gesehen.

Wie auch immer … Das Hotel New York hätte bleiben sollen … in New York!

An Wand in der Nähe von unserem Tisch Frühstück ein Schild mit der Aufschrift: »Bitte reinigen Sie Ihren Durcheinander nach dem Essen.«

Ich habe diese Website besucht, um zu sehen, ob jemand hatte ähnliche Probleme mit dem Hotel – ich bin erleichtert und angewidert zu finden, dies ist der Fall.

Der einzige gute Punkt ist, dass das Hotel so ekelhaft ist, dass wir vermieden so viel wie möglich, dorthin zu gehen, so besuchten wir sehr viele Orte in der ganzen Stadt.

Ich bedaure jeden, der hier bleibt – aber es ist eine tolle Geschichte, wenn Fotosafari ist dein Ding!

Einschussloch im Fenster der Rezeption, verrauchten Flure, Blut befleckt Vorhänge und Teppiche, Gefängnisbett. Faustschlaglöcher in den Türen und Fenstern abgeklebt. Solange ich habe ein Loch in meinem hinteren Ausgang, werde ich nie wieder hier zu bleiben.

Hotel ist nicht für den Snob.

Kann dieses Hotel nicht bewerten – die Skala ist nicht niedrig genug!

Wenn Zeitreisen doch nur möglich wären, würde ich zurückgehen und uns alle retten aus dem Entsetzen des Aufenthalt in diesem Abgrund.

Meine Warnung für zukünftige Reisende ist: Sehr vorsichtig sein bevor der Buchung dieses Irrenhaus!

Ich musste einen Arzt zu Hause sehen, weil meine Nase von Geruch im Zimmer gebrochen.

Unser Flug wurde storniert, und warfen sie uns in dieses Loch! Ich könnte ein Buch darüber schreiben, was los war mit ihm, aber ich will nicht.

Das Hotel könnte mit einer Reinigung von Napalm guttun, eine Renovierung mit erheblichen Gebrauch von Sprengstoffen, und nur um ruhig zu bleiben, auch eine gute Exorzismus.

Ich verlasse diesen Ort in der traurigen Gewissheit, dass ich fühle sein böses Lächeln auf meinem Rücken, als ich die Tür hinter mir schließe und ich hoffe, alles schnell zu vergessen.

Gut, die Erfahrung ist, wie auf einem Markt in Kenia gegrillte Käferlarve essen: Erst man ist angewidert, beim Kauen kommt der Gedanke, es geht noch bis zu einem gewissen Grad, und dann beim Schlucken nach unten entscheidet man: Nein, nie wieder.

Es wäre ein wirklich guter Ort, wenn ohne Hotel und ohne Menschen.

Wenn es ein Leben nach dem Tod, und es erfolgt in dieser Hotel, ich will nicht zur Teilnahme bitte!

Obwohl wir keine Wanzen gefunden, wir haben die ganze Zeit den Eindruck, dass sie zuhören. Der Portier immer Fragen zu Themen, die wir in den Raum diskutiert. Scary!

Ich war noch nicht ausgecheckt und gerade auf Toilette, wenn Zimmerservice stürzte in Raum und sich sofort beschwert, warum es von Kloake stinkt herum wie verrückt. Es ist schweres Missmanagement, wenn zu früh einen Reinigungsservice zu schicken, wenn Gast noch in sein Zimmer beschäftigt.

Vielleicht ist dieses Hotel auch ein experimentelles Gerät für die Zeit nach dem Atomkrieg, wenn eine kleine privilegierte Oberschicht den Rest der Population steuert. Kein Zweifel, zu welcher Gruppe wir angehören.

Für alle, die planen eine Reise: Bitte ersparen Sie sich die Trauer von einem Aufenthalt hier!

Ich würde lieber meine eigene Zunge grillen, als bleiben hier für eine weitere Nacht.

So kreativ schmutzig, dass es unterhaltsam war.

Heute würde ich es anders machen. Aber Jesus dachte dies bereits, während er am Kreuz!

»Sind Sie sicher, dass Sie nichts genommen aus der Minibar?«, beschuldigte mich die zweifelnde Person. Weiteres Geld auspressen, so der Plan. Da ich verwendete das zweite Kissen, sollte ich zumindest dafür noch zusätzlich zahlen – dass ich es extra »dirty« gemacht habe.

Wenn ich finde den Kerl, der gegeben hatte dieses Hotel vier Sterne, er wird mit seiner Mutter beten, dass ich nicht reißen ihm jedes Haar einzeln von seinem leeren Kopf.

Diese Erinnerung wird uns ein Leben lang bleiben, und das, meine Freunde, ist unbezahlbar.

Okay, »Hass« ist ein starkes Wort in den Mund genommen, doch dieses Hotel hat verdient, es zu benutzen.

Buche hier für eine Nacht, wenn du nicht zu zarte Seele bist. Dann wirst du Leben wieder lieben.

Die frische Orange schmeckte, wie sie bewässert worden war: nach Wasser.

Etwas knallte die ganze Nacht, und erst zu Hause wir gelernt, dass es waren Hinrichtungen der Oppositionspolitiker. Hätten wir es erkannt, hätten wir nicht an den Hotelmanager beschwert haben! Dennoch reagierte er leider unfreundlich.

Frühstück kostet extra. Es bestand – und das ist keine Übertreibung – von trübem Wasser in einem Kühler und zwei Scheiben trockenes Brot für jeden.

Der Kaffeelöffel auf dem Tablett war schmutzig, als ob jemand erst zuvor Joghurt gegessen hatte, dann den Löffel leckte und es dort ließ.

Der Toaster im Frühstücksraum war gebrochen. Brutal!

Teile des Rindfleisch tatsächlich wie Dörrfleisch gehärtet! Es war eine widerliche Mahlzeit, die bis in den Müll beendet.

Der Tee, Kaffee und Milch war nicht mehr aktuell um mehrere Jahre.

Am nächsten Morgen gingen wir zum Frühstück, und als wir setzten, der Tisch war nicht sauber. Ich hatte zu schälen meine Serviette vom Tisch, der sehr klebrig war.

Die Hotelmanager sagte: »So, jetzt es geht für Sie nach Hause!« Ich antworte: »Ja, Gott sei Dank!« Das freute die Dame überhaupt nicht.

Es gab einige Tage ohne Heizung oder Strom hier in Kaukasus im Monat Januar. Deshalb habe ich gelernt, die Macht der Wodka einzusehen. Ich schlief ohne Decken. Definitiv kein Platz für weiche Eier.

Dieses Hotel muss abgeschaltet werden! Es ist nur eine Frage der Zeit, bevor jemand verletzt oder verliert sein Leben.

Nicht ein einziges Wort in der ganzen Sprache kann beschreiben, wie schrecklich dieses Hotel!

Wenn dieses Hotel ist eine lächerliche Erfindung von Menschen aus der Tourismusbranche, dann dieser lächerliche Strand könnte leicht eine Erfindung von den gleichen Leuten sein. Alles in allem wirklich ein Skandal von Frechheit!

Ich gehe, um Waffen zu kaufen. Und ich werde wiederkommen.

Ich würde eher in das Gesicht von einem Maultier gekickt werden, als wieder hier zu übernachten.

Es ist keine Steckdosen in der Nähe des kleinen Schreibtisch, sodass Sie Ihren Kaffee leider auf dem Boden des Raumes zu machen müssen.

Das Frühstück selbst war zufriedenstellend, aber wenn ich für einen Teelöffel zu meinem Kaffee zu rühren fragte, wurde mir gesagt, dass sie alle verschwunden zu sein schienen.

Ich kann mit all der negativen Kommentare hier zustimmen.

Das Brot, das wir bedient wurden, war so abgestanden, wir konnten es nicht essen.

Wer rief die Zombies im Frühstücksraum? Hilfe, ich bin in der Tinte!

Ich werde nichts kommentieren, weil es ein schlechte Erinnerung ist und auch Kinder und empfindliche Personen das hier lesen, denen möglicherweise irreversiblen Folgen drohen.

Sie haben eine Menge von Obst in diesem Land: Jeden Tag um sieben Uhr morgens war ein Diener und klopfte an die Tür und fragte, ob wir frische Orangen möchten. Wir erklärten wiederholt: Kein Klopfen und Orangen um sieben Uhr, bitte! Er versteht nicht. Nur in den letzten Tag, er kam um acht, ob wir Bananas …

Ich würde eher meine großen Zehen ablecken, als in diesem Hotel übernachten.

Die beste Lösung für dieses Hotel ist der Abriss.

Wer mir sagen kann etwas Gutes über dieses Hotel, den möchte ich unbedingt kennenlernen. Aber ich wollte auch fliegen können mit der Kraft meiner Ohren.

»Pig Head Familie«, wie wir sie nannten, saßen natürlich auch am letzten Morgen vor uns im Frühstücksraum und verschmutzten die Atmosphäre. Der Vater blies Zigarettenrauch an unseren Tisch. Als ich auf dem Weg zum Buffet an ihm vorbeigehe, furze ich laut auf ihre Tischhöhe – was eine grandiose Empörung auslöst bei ihnen.

Kein Essen sollte angeboten werden, wenn die Versorgung ist alt und überholt. Meine Familie konnte krank bekommen auf dieser Nahrung, und es war kaum genug, um eine Person zu ernähren.

Zum Glück habe ich meine Sonnenbrille in der Hand. Nach zwei Tagen in diesem Hotel wurden meine Augen nicht das Licht des Tages gewöhnt. Der Schleier der Erfahrung lüftet sich nur allmählich wie Dunkelheit aus meinem Gesicht und meiner Seele.

Der hagere Mann, der uns bereits in der Nacht bedient hatte, stand am Morgen wieder hinter der Rezeption müde und wünschte uns einen guten Tag. Wir meditierten den ganzen Tag, ob seine Frage die Ehrlichkeit bedeutete oder nur ganz zynisch.

Ein Taxi rufen war nicht möglich. Jedes Taxiunternehmen war stets bemüht, das Hotel nicht anzufahren. Eine Kriegserklärung gegen seine Person, der Besitzer war überzeugt. Er zuckte mit den Schultern und überließ uns.

Das Frühstück war nicht so toll, aber man lernt, Dinge zu mischen und zu überleben.

Um fünf Uhr verließen wir das Haus. Wir hatten tiefe Ringe unter den Augen rot. Wir machten so viel Lärm auf dem Flur, in dem es sehr echote. Das war unsere Rache für all den Lärm in der Nacht, aber die Zufriedenheit war doch sehr begrenzt.

Das Kreuz Christi hängte ich kopfüber wieder auf. Denn nur Verräter wurden kopfüber gekreuzigt. Es soll jeder sofort erkennen, dass er einem Verrat aufgesessen ist bei der Buchung dieses Zimmers.

Die Frau schob nicht nur die Kreditkarte in den Leser. Nein, plapperte sie unaufhörlich und machte schlechte Witze. Und sie lachte laut und mit entblößten Zähnen über all die »lustigen« Episoden und Ansichten ihrer begrenzten Lebensdauer.

Was kann ich sagen, alle Kritiker sind hier richtig! Dieses Hotel ist kein Ort zu bleiben. Aber ich möchte alle Kritiker fragen: Haben Sie besucht eine Sonderschule, oder warum schreibst du Bewertungen wie Idioten? Ich fürchte, du selbst bist Dreck!

Immerhin gab es einen schönen bunten Papagei in der Halle, der ständig ruft: »Crrrazy!« Er hatte recht!

Bin ich leider (!) froh, zu lesen heute, dass es existiert nicht mehr wegen einem Erdbeben. Gott hatte recht, so zu tun!

Wir alle haben die Aufgabe, diese Struktur zu zerstören, für eine bessere Zukunft für unsere Kinder!

Es ist wahr: Wir buchen, wenn superbillig, aber dann nehmen wir auch die Pisse.

Das Frühstück ist ein nettes kleines schlechtes Essen aus Zwiebel, Kartoffel mit gebraten, dazu Fisch.

Ich war auch mit meiner Familie ein Opfer von dieser Hölle – nur zu raten für Menschen, die bisher auch schon waren auf Urlaub in der Kanalisation.

Gehen Sie nicht dorthin, oder Ihr Urlaub ist eine Ruine! Ohne Taste für Stopp oder Zurückspulen.

Es ist die alte Geschichte: Ein Mann baut ein Haus für seine Familie, oder er baut ein Haus für seine Gäste. Wenn er sich nicht entscheiden kann, wird es schlimm für alle Hotelgäste enden, denn sie müssen seine Familie werden.

Ich habe meine süße Schlafanzughose vergessen und wurde gesagt, dass sie nicht zu finden waren. Diebe …

Die ganze Nacht hörten wir die Aufzugtüren rumpeln. Wir konnten kein Auge zutun. Bei Abreise war ich noch so wütend, dass ich tritt Unebenheiten in die Wände des Aufzugs – was für mich eine große Freude war.

Weil ich mich über das Hotel beschwerte, rief der Besitzer mich in sein Büro und zeigte mir seine Sammlung von Fotos von glücklichen Kunden: alles Frauen ohne jede Kleidung, dafür mit »Daumen hoch« …?!

Ich bin kein großer Reisender, aber es braucht nicht viel Erfahrung, um zu verstehen, dass ein solcher Ort beschrieben werden kann nur mit einem Wort: Kacke!

Der Geruch, den ich in diesem Zimmer und in der Lobby fühlte, ich hoffe, ich höre es nie wieder.

Ich wette, letzte positive Eintrag in Hotelgästebuch ist in alte italienische Sprache und etwa 750 Jahre alt, Unterschrift: Marco Polo.

Hotel könnte eigentlich ein Museum für Kolonne von Putzfrauen sein, weil es werden ausgestellt verschiedene Grade des Schmutzes und Staubes – vom Mittelalter bis heute. Leider hat es nur nachts geöffnet.

Diese viel zu devote Beschäftigte nickt immer wieder an uns heran und grinst und schmeichelt und stellt viel zu viel Fragen nach unserer Befindlichkeit: Starke Belästigung meines Nervenkostüms. Das nicht normal.

Am Morgen dann: Man kann essen Toast, Toast kalt, Toast lauwarm oder Eier auf Toast. So mein Vater (der Diabetiker ist) bestellt für das Ei auf Toast. Es war grün.

In anderem Hotel nebenan gibt es sicher nicht kranken Basslärm die ganze Nacht. Und am Morgen sind sogar noch Kontaktlinsen gestohlen aus dem Badezimmer – gemeiner Linsenterror zusammen mit schlimmster Bassbrummen!

Ich hatte andere Gastfreundschaftspannen, aber nie so gravierend wie hier.

Nie im Leben jemals empfehle ich den Aufenthalt in diesem Hotel Flohsack.

Haben Sie Ratten, schicken Sie sie dort!

Dieses Hotel berühren Sie nicht mit einer Kneifzange.

Tatsächlich hasse ich mich ein wenig dafür, diesen Hotel gewählt zu haben. Und kann ich auch Verständnis bringen für meine Frau, die fast drei Monate nicht mehr für Sex zu haben.

Ich versuche, nicht mehr denken daran, aber immer wenn ich so tue, bin ich wieder am Kochen von Wut.

Ein Wort der Beratung? Vielleicht, wenn Sie neugierig auf brutalen Ärger.

Ich nur empfehlen dieses Hotel intimen Feinden. Und natürlich Schwiegermama.

Durch unbeleuchtete Gänge mit unserem Gepäck zu stolpern gab uns »schöne« Souvenir bis nach Hause: große schwarze, grüne und lila Flecken an Hüfte, Rücken und Popo. Schmerzen noch weitere sechs Wochen.

Sollten Sie ernsthaft abgebrannt sind, bleiben Sie hier. Ansonsten starten Sie laufen, solange Sie noch können.

Wir alle werden Chiropraktiker und Therapie brauchen nach diesem Aufenthalt.

Sie sollten die journalistischen sieben »W-Fragen« beantworten, wenn Sie die Buchung hier erwägen: Wer aus der Tatsache, dass Sie Ihr Geld und Gesundheit hier verbrennen, profitiert? Was wäre so schlimm daran, eine Nacht ohne Bett zu sein? Wo hat der Schuft sich versteckt, der dieses Hotel empfehlen wollte? Wann werden Sie diese Erfahrung überwunden haben? Warum ausgerechnet Sie sollen machen diese Schicksalserfahrung? Und: Woher solche Leute nehmen den Mut, einen solchen Ort »Hotel« zu nennen? Alle diese Fragen habe ich für mich viel zu spät beantwortet.

Dieser Ort ist dann nicht so schlimm, wenn Sie bereits im Sterben liegen aufgrund einiger sexuell übertragener Krankheiten oder wenn Sie keine Ohren haben oder keine Haut.

Wenn Ihr Körper sehr dringend braucht, um zu schlafen, kann man überall schlafen. Ich weiß, was ich rede, denn ich habe auch hier geschlafen, aber bekleidet, und während ich stand gelehnt an die Wand.

Nicht nur die Laken waren fleckig, aber auch das Gesicht von die ganze Familie.

An alle Weicheier! Wenn Sie etwas erleben wollen, kommen Sie hier. Diese Leute werden Ihnen austreiben Ihre Schüchternheit, bis Sie so empört, dass Sie nehmen hinweg die Peitsche und stecken denen sonst dort hin. Keine gute Nacht, aber ganz passable Ausbildung für die Abhärtung der Softies!

Es kann wirklich verrückt klingen, und ich habe lange darüber nachgedacht, aber ich fühlte so wohl hier wie ein Eisbär, der einen Haufen Scheiße aus Lava auszupressen hat.

Ich bin immer informiert und war es mein ganzes Leben. Ich kann mich an die Zeit erinnern, als es noch gab echte Grandhotels mit richtigen Dienern. Aber du merkst, das Dienen ist nicht mehr populär, jeder will heute Chef sein. Es wird bald einen weiteren großen Krieg geben. Dann bleibst du besser zu Hause und nicht im Hotel »Leck-meinen-Arsch«.

Ich hatte all die guten Bewertungen über dieses Hotel gelesen, aber jetzt weiß ich, dass nur Idioten hier schreiben die Bewertungen, sodass ich nie wiederkommen werde zu dieser Homepage.

Nächstes Mal ich buche kein Hotel für mich und meinen Hund, aber ein Haustierpension für meinen Hund – wo ich auch schlafen kann. Für das Frühstück leckeres Knochen für ihn und ein T-Bone-Steak für mich!

Meine Frau und ich hatten das Kennenlernangebot gebucht, aber heute würde ich glücklich sein, wir hätten damals nichts gebucht und nichts kennengelernt. Vielleicht auch wäre ich heute noch verheiratet mit meiner Frau.

Nach dem Auschecken warteten wir 50 Minuten vor dem Parkplatz auf den Wagen. Als ich mein Auto dann tatsächlich erhalte, der Sitz war nass von einer verschwitzten Person darauf. Ich war nicht glücklich.

Das kostenlose Frühstück ist traurig. Niemand sollte nicht die Mühe machen, aufzuwachen für dieses.

Hoffentlich jemand mit der richtigen Stimmung und richtigen Größe der Brieftasche wird sich diesen Ort zu eigenen machen und ihn zu seinem vollen Potenzial bringen.

Das Hotel war wohl wirklich schön in den Achtzigerjahren, aber heute sieht aus wie nach einigen schlechten Faceliftings. Das Personal ist freundlich, aber der Geruch darin auch hängen an den Menschen, ist unerträglich.

Es gibt keine erlösende Qualität in diesem Hotel.

Wir sind bereits in einigen veralteten und fraglichen Hotels geblieben. Dieses jedoch ist der Gewinner des Kuchens von Trauer und Schmerzen.

Dieses Hotel ist ein ideale Ort zu bleiben, aber vielleicht bringen Sie ein paar Dinge von zu Hause aus, um Ihren Genuss dieser feinen Einrichtung zu bessern: Bett mit Rost, Matratze, Decke, Kissen, Wäsche und für das Bad ein Dusche mit Schlauchzeug, Waschbecken mit Handtuch, Toilette mit Brillen und Papierrollen.

Ich dachte: Im Allgemeinen, die Menschen beschweren sich gern und sind nie zufrieden. Daher ich nicht meckern werden, aber jetzt bin ich nicht glücklich: ein Hotel für einige Jahrzehnte des wiederkehrend Albtraums!

Nachdem wir verließen das Hotel in der Mitte der Nacht, ich kann sagen, dass es mir gab den denkwürdigsten Osterurlaub jemals. Im Preis inbegriffen: ein schockierender Reichtum an Bettwanzen, und bei Aufwachen froh, dass noch am Leben in den Morgen.

Meine Frau war eine Woche in diesem Loch von einem Hotel. Ich und die Kinder vermieden sie die ersten Tage nach Rückkehr, weil der Geruch nach faulen Eiern klammerte sich an ihr.

Am Morgen aber es fühlt sich doch ein wenig besser, als wenn sie gezwungen, in der Regen im Freien zu schlafen, nachdem sie von einer Straßengang vergewaltigt worden.

Wir buchten dieses Familienhotel, weil es hat einen Streichelzoo für die Kinder. Leider gab es nur eine kranke Henne, die anderen Tiere »sind derzeit in Behandlung«, sagen sie!?

Eine Art stille Security-Mann stand in einer Ecke und hielt die Gäste im Sinn. Über ihm sagte ein Schild »Das Frühstücksbuffet ist nicht dazu gemacht, um für den ganzen Tag mit Essen eindecken«.

Haben Sie jemals erlebt, dass im Frühstücksraum über einen Lautsprecher ständig lärmenden Anzeigen wie »Vergessen Sie nicht Ihrem Hotelzimmer. Wir wünschen Ihnen eine gute Heimreise und wir werden Sie bald zu ehren« zu hören waren? Zuerst haben wir fast Tasse Kaffee in der Hand fallen aus der Angst. Dann ziehen wir schnell an der Leine.

Ich hatte bisher immer nur viel Glück und Freude für alle Urlaub. Offensichtlich ist dies jetzt verloren.

Dies ist ein Hotel, in dem die Eigentümer beschlossen, Ihre hart verdienten Dollar zu nehmen und Ihnen im Gegenzug nichts zu geben.

Unwahrscheinlich, dass ich ein Wort in einem französischen Wörterbuch finden könnte, um zu beschreiben, wie sehr ich diesen Ort hasse. Ich wollte gehen und spucken in das Gesicht der Dame, die dieses Dreckloch betreibt. Habe es aber gelassen, stattdessen drehte ich auf all die Elektrizität im Zimmer. Drehte das heißes Wasser auf und ließ es laufen für 24 Stunden. Ich urinierte überall auf den Boden und im Badezimmer. Schön!

»Hotel« ist hier ein irreführendes Begriff. Orientier dich an »Privatbehausung«, und du bist näher an der Wirklichkeit.

Ich werde für immer denken an die verschimmelten Vorhänge im Bad.

Frühstückfütterung war zutiefst schlecht. Unsere Beschwerde an der Rezeption im Dienst führte zu vielen konfrontativen Zeilen mit einer feindlichen Frühstückskellnerin.

Das Frühstück war nicht alles schlecht, abgesehen von den staubigen gefälschte Blumen auf dem Tisch, die weiße Fleckenhaube der Kellnerin und Verbrühungen von Cappuccino.

Qualität-Preis ist einfach verrückt. Es war mehr Scheiße darin als in ein Hühnerstall.

Denkt nicht daran, diesem Ort zu übernachten, wenn Sie sein wollen jemals in der Lage, Kinder zu haben. Wer weiß, welche Ansteckung könnte in den Bettlaken lauern und wachsen!

Es ist bekannt, dass es gibt eine Vielzahl von Geschmack. Es ist auch bekannt: Wer zahlt, ist der Chef. So vergesse lieber deine dummen Gewohnheiten und bringe mir drei Eier mit Speck, oder ich werde deine Baracke kaufen und jagen ihn in die Luft. Just for fun.

Böse, schmutzig und gefährlich – drei Worte, die ich verwenden muss, um diese Hütte zu bewerten. Ich bezahlen und geflohen.

Ich würde lieber meine Augenlider reiben mit einem rostigen Dosenöffner, als eine weitere Nacht verbringen an diesem Ort.

Es sind die kleinen Dinge, die dieses Hotel machen scheitern kläglich.

Ich bin überzeugt, es wird nicht mehr lange existieren, weil ich die CIA, FBI und NSA angekündigt habe, dass dort leben Araber, die basteln in ihren Zimmern Flugzeuge.

Du bist besser schlafen in der Kanalisation. Bleiben Sie weg!

Es gibt gute, mittlere und mittelmäßige Hotels. Und dann gibt es die geradezu beschissene.

Ich bin ganz für das Leben so durch diesen Aufenthalt im »Paradise Inn« gezeichnet, dass ich später will in die Hölle.

Nach vielen Jahren des Reisens habe ich ein paar schlimmste Momente in Hotels angesammelt, aber dieses war ein Leuchtfeuer der Schrecklichkeit.

Dieses Hexenhaus, ich habe nicht erfunden, nein, ich habe in ihm geschlafen. Aber zumindest nicht mit der Hexe.

Okay, ich gebe zu, dass ich stahl das Handtuch. Warum? Es ist so rau, ich werde es verwenden, um meine Türrahmen zu schleifen.

Hotel ist vielleicht angemessen, wenn einer es ganz grob rustikal mag und vielleicht nicht mehr als Jungfrau in jeder Hinsicht wieder aufwachen will am Morgen.

Betreiber von Hotels sollten auch im Auge behalten: Es gibt Gäste, die manchmal traurig sind. Ein gutes Hotel will aufheiternd sein. Hier ist das Gegenteil der Fall. Wenn sie nicht schon gleich sich selber töten, dann kurze Zeit später.

Du denkst, du bist ein großer Fisch? Dann gehen Sie in dieses Hotel, und dort wird Ihnen gezeigt, dass Sie nur ein kleiner Wurm für den großen Fisch sind. Und der große Fisch, er wird kommen und Sie fressen!

Gut, dass ich gewartet habe mit meiner Bewertung, bis mein grober Ärger über dieses Hotel sich niedergelegt hat. Weil ich glaube nicht, dass meine Tastatur das wütende Gestampfe überstanden hätte.

Lokales Crack- und Nuttenhotel. Wenn Sie dumm genug sind, um in diesem Höllenloch zu bleiben, Sie verdienen es nicht besser.

Nicht, dass dieser Ort braucht eine weitere negative Kritik, aber hey, es ist wirklich traurig in hier. Wie der Tod.

Positiv: Nach einem Aufenthalt in diesem Hotel gibt es nichts mehr, was kann brechen die Beziehung von mir und meine Freund. Wir sind ein Paar stärker als jemals.

Wir blieben hier eine Nacht. Bitte beachten Sie: Ich sage bleiben, nicht schlafen.

Als wir am Morgen kam für das Frühstück, das Mädchen auf einem Rezeption sagte: »Wir haben nur kalte Getreide.«

Ich bin selten bis auf den Punkt des Unbehagens angeekelt, aber diesen Ort gelang es leicht.

Viele Freunde und Familienmitglieder haben mir gesagt, dass die Zimmer sind schmutzig und das Management ist unmöglich. Zum Glück hatte ich noch nie in diesem Drecksloch bleiben müssen, weil ich bin ein Eingeborener.

Jemand schrie Vergewaltigung! Die Pluspunkte waren das freundliche Personal und das Frühstück.

Wenn ich nicht gewesen wäre sinnlos betrunken, ich bin mir nicht sicher, wie ich hätte geschlafen auf diesen stinkend Misthaufen.

Der einzige Silberstreif am Horizont war die 24-Stunden-Apotheke gegenüber, so konnte man Medikamente kaufen, um sich einschlafen zu machen für immer.

Zusammenfassend ein toller Ort, um einen Drogendeal zu haben oder ein Rendezvous mit einem einäugigen Cross-Dresser, aber nicht ein guter Ort, um Ihre Silberhochzeit zu verbringen.

Die Schimmel-Toastbrote konnten erst nach drei Durchgängen im Toaster essbar werden.

Wir erhielten einen Anruf aus der Rezeption, das Schießen sofort zu beenden. Wir waren verwirrt und erklärten, sehen wir einen Film, muss ein Fehler sein. Sahen den Film zu Ende, und während wir im Bett schlafen, haben wir ein Klopfen an der Tür und Polizei kam, untersucht die Beschwerde und fand selbstverständlich keine Waffen, aber Nachtmanager zwang uns trotzdem zu gehen, ohne Erstattung!

Lassen Sie uns real sein: Es ist ein Hotel von der Art, die Sie nicht beziehen mit jemandem, den Sie lieben, sondern ein Hotel von der Art, das Sie mit jemandem buchen, den Sie lieben nur für ein paar Stunden. Kapiert?

Manchmal beißt mich meine Billigkeit in den Arsch, buchstäblich.

Für einen rauen Erlebnisurlaub du bist besser hier dran als in den Wäldern.

Mein Mann und ich manchmal Lust auf Pfennigfuchser sein. Mann, war das ein Fehler!

Mein Mann und ich brauchen ein Hotel, wo wir mit unseren Hunden bleiben können, also die Wahl war leicht, aber leider die generelle Umgebung des Hotels ist fertig mit Tonnen von Hundekot, weil die Hotelmitarbeiter einfach nicht sorgen, es zu entfernen.

Ich bin nicht stolz, dass mit der Person, die ich mehr liebe als alles in der Welt, es hat endlich geklappt in diesem Mini-Sodom-Zimmer. Und ich möchte auch nicht meinem zukünftigen Sohn (er kommt nächsten Monat) zeigen, wo wir ihn produzierten. Auch wenn Hotel war eine dreckige Atmosphäre, ich kann sagen, dass ich einige unglaublich positive Erinnerungen an den Ort habe.

Nicht empfehlenswert, denn ich wurde ausgeraubt, während das Personal tat nichts.

Der Hotel könnte als Themen-Hotel bezeichnet werden, ich meinte mit dem Thema »heruntergekommen und traurig«.

Behalten Sie alle Ihre Beschwerden für sich, es sei denn, Sie wollen in einen Faustkampf mit einem Exknacki oder möchten Ihren Kopf gegen ein Panel von Trockenbau geknallt.

Ich sah sogar jemand springen aus dem Fenster im zweiten Stock und laufen herum wie ein kopfloses Huhn. Aber was kann ich sagen, Bettler können nicht wählerisch sein.

Schlimmste Haltung und Kundenservice, der sogar einen Clown zum Weinen bringen könnte!

Dieses Hotel ist so mies, wenn ich würde nehmen eine Prostituierte hierher, würde sie verlangen den doppelten Preis in dem Moment, wenn meine Reifen treffen die Einfahrt.

Es wäre besser, wenn es ein Schiff wäre, dann könnte man es versenken mit der gesamten Besatzung.

Das Hotel wäre eigentlich prima, aber: Ich fürchte, der alte und sehr verwirrte Besitzer des Hotels ist von den deutschen Geheimdiensten. Trägt er einen schmalen Oberlippenbart, hält dauernd Reden und gestikuliert schlimmer als Joe Cocker.

Wenn Sie keinen Sinn für dreckigen Humor haben, aber eine Tendenz, eine Prinzessin zu sein, gehen Sie besser woanders hin.

Du machst so viele Fehler im Leben, also egal, scheiß auf sie und auch auf dieses Hotel.

Mein Pendel zeigte sofort, dass diverse Wasseradern unter dem Hotel laufen und es gibt eine sehr hohe terrestrische Strahlung: Nicht zu empfehlen!

Ich war dort für zehn Tage: sie gekocht Tag und Nacht Hühnersuppe, und ich fühle immer noch, als ob ich in diesem verdammten Hühnersuppe gebadet. Nächstes Mal werde ich vorschlagen, eine Suppe von den Eigentümern Knochen herzustellen.

Ich mag es nicht geben schlechte Bewertungen und neige ich dazu, den Vorteil des Zweifels in den meisten Situationen gelten lassen, aber hier: Nein. Gehen Sie bitte niemals. Basta.

Komm hierher, um zu sehen die Träume, die erst gebrochen wurden, dann zerkleinert und in einem Löffel mit einem Feuerzeug gekocht. Gut, das ist sicherlich nicht ideal, aber wir werden es bewältigen können, denn saßen wir doch alle neben einem stinkenden Kind in der Schule und wir haben überlebt, oder?

Wenn sie die Wahl, würden neun von zehn Menschen lieber schieben ihren gesamten Arm nach unten in ihren eigenen Hals, als hier ausziehen und zu Bett legen.

Dies wäre ein ganz lustiger Ort, um zu bleiben, wenn Sie eine Tatsache beachten: Seien Sie nicht selbst einer der zahlenden, dummen Gäste.

Es war nicht gut, aber es fühlt sich gut an, nun zu sagen: Ich schlief an einem Ort, wo das Verbrechen bereits Geschichte geschrieben!

Mein Name ist nicht Arnold Schwarzenegger und nicht Jean-Claude Van Damme. Aber ich bin besser ausgestattet als jemals die beiden je waren, und ich werde nun wieder dort auftauchen und alle aufräumen.

Ich komme an die Grenze meiner Worte, Leute. Ich lasse werde jetzt nachdenken auf meine armen Entscheidungen im Leben, die mich bis hierher geführt. Mann, ich möchte wirklich nicht heute sterben.

LETZTER EINTRAG

Liebe Humorfreunde,

hoffentlich hatten Sie ebenso viel Spaß an den Fundstücken wie ich bei der Suche nach diesen.

Es waren, das will ich nicht verschweigen, lange und entbehrungsreiche Jahre der Recherche, die ich größtenteils mit Rückenschmerzen auf dem verblichenen Plastikliegestuhl eines südeuropäischen Schrotthotels verbrachte. Das Autorenleben ist kein Zuckerschlecken, denn während ich noch das zum Verzehr gedachte Gefahrgut auf dem Frühstücksbuffet nach seinen Zäsiumwerten sortierte, entwendete mir das Personal schon meine wenigen Habseligkeiten. Da half es auch nichts, dass ich meinen Laptop in weiser Voraussicht quasi immer am Körper mit mir herumtrage. Denn meist brach schon morgens gegen acht Uhr die Internetverbindung zusammen.

Besuchen Sie doch einmal meine Internetseite
www.tomasüberall.de – je nachdem, wo Sie dies gerade lesen, am besten noch vor acht Uhr morgens.

Ihr
Tomas Überall